新能源汽车专业"岗课赛证"融通活页式创新教材

新能源汽车构造

组编　行云新能科技（深圳）有限公司
主编　张　力　于晓英　梁东确
参编　吴立新　王树梁　刘本超
　　　莫忠兴　班　飞　姜　著

机械工业出版社

本书是针对新能源汽车相关专业"岗课赛证"进行编写的教材，主要内容包括了新能源汽车、动力电池及管理系统、驱动电机及控制系统、底盘系统和电子电气系统构造认知等方面的相关知识。

本书共分为掌握新能源汽车基本构造、掌握动力电池及管理系统构造与拆装方法、掌握驱动系统构造与拆装方法、掌握充电系统构造与拆装方法、掌握底盘系统构造与拆装方法、掌握电子电气系统构造与拆装方法共6个能力模块，并下设有16个任务，教材编写从"岗课赛证"综合育人理念出发，融"岗""赛""证"要素于"课"之中。通过"岗课融通""课赛融通""课证融通"，加强学生对新技术、新标准、新规范的学习，帮助学生在动手操作和了解行业发展的过程中领会团队合作的重要性，培养执着专注、精益求精、一丝不苟、追求卓越的工匠精神。每个能力模块均包含拓展课堂环节，将爱党、爱国、爱史、爱业与爱岗教育融入其中。为满足"人人皆学、处处能学、时时可学"的需要，教材同时搭配微课等数字化资源辅助学习。

本书语言通俗易懂，可作为高等学校新能源汽车技术、新能源汽车检测与维修技术、汽车检测与维修技术、汽车电子技术、汽车制造与试验技术等汽车专业教材，也可供从事本专业工作的工程技术人员参考。

图书在版编目（CIP）数据

新能源汽车构造 / 行云新能科技（深圳）有限公司组编；张力，于晓英，梁东确主编. — 北京：机械工业出版社，2024.2（2025.1重印）
新能源汽车专业"岗课赛证"融通活页式创新教材
ISBN 978-7-111-75373-5

Ⅰ.①新… Ⅱ.①行… ②张… ③于… ④梁… Ⅲ.①新能源-汽车-构造-高等职业教育-教材 Ⅳ.①U469.7

中国国家版本馆CIP数据核字（2024）第056356号

机械工业出版社（北京市百万庄大街22号 邮政编码100037）
策划编辑：谢 元　　　　　　责任编辑：谢 元　丁 锋
责任校对：甘慧彤　陈 越　　封面设计：马精明
责任印制：邸 敏
中煤（北京）印务有限公司印刷
2025年1月第1版第2次印刷
184mm×260mm・13印张・284千字
标准书号：ISBN 978-7-111-75373-5
定价：59.90元

电话服务　　　　　　　　　网络服务
客服电话：010-88361066　　机 工 官 网：www.cmpbook.com
　　　　　010-88379833　　机 工 官 博：weibo.com/cmp1952
　　　　　010-68326294　　金 书 网：www.golden-book.com
封底无防伪标均为盗版　　　机工教育服务网：www.cmpedu.com

新能源汽车专业"岗课赛证"融通活页式创新教材

丛书编审委员会

主　任　　吴立新　　行云新能科技（深圳）有限公司

副主任　　吕冬明　　机械工业教育发展中心
　　　　　　李林超　　深圳大学
　　　　　　胡剑平　　深圳市海梁科技有限公司
　　　　　　穆　毅　　深圳市海梁科技有限公司
　　　　　　庞浩博　　北京博伟东方科技有限公司

委　员　　邹　晔　　无锡职业技术学院
　　　　　　高晓琛　　淄博职业学院
　　　　　　张立荣　　淄博职业学院
　　　　　　杨秀芳　　扬州工业职业技术学院
　　　　　　张　力　　山东交通职业学院
　　　　　　程　章　　安徽交通职业技术学院
　　　　　　郑丽萍　　泉州职业技术大学

资源说明页

本书附赠 14 个富媒体资源，总时长 65 分钟。

获取方式：

1. 微信扫码（封底"刮刮卡"处），关注"天工讲堂"公众号。
2. 选择"我的"—"使用"，跳出"兑换码"输入页面。
3. 刮开封底处的"刮刮卡"获得"兑换码"。
4. 输入"兑换码"和"验证码"，点击"使用"。

通过以上步骤，您的微信账号即可免费观看全套课程！

首次兑换后，微信扫描本页的"课程空间码"即可直接跳转到课程空间，或者直接扫描内文"资源码"即可直接观看相应富媒体资源。

课程空间码

序

  2021年10月，国务院办公厅印发《新能源汽车产业发展规划（2021—2035年）》，明确提出，深化"三纵三横"研发布局，提高创新能力。"三纵"是指纯电动汽车、插电式混合动力汽车、燃料电池汽车；"三横"是指动力电池与管理系统、驱动电机与电力电子、网联化与智能化技术，是新能源汽车的核心技术。在国家的产业规划与政策支持下，我国的新能源汽车产业蓬勃发展。2022年10月，党的二十大报告指出，建设现代化产业体系。坚持把发展经济的着力点放在实体经济上，推进新型工业化，加快建设制造强国、质量强国、航天强国、交通强国、网络强国、数字中国。这为推动新能源汽车发展、助力实体经济指明了方向。

  2023年7月3日，随着一辆银色新能源汽车在广州驶下生产线，我国第2000万辆新能源汽车诞生，这标志着我国新能源汽车在产业化、市场化的基础上，迈入了规模化、全球化的高质量发展新阶段。从1995年我国第一辆新能源汽车"远望号"起步，到首个1000万辆的突破，历时27年；而从第1000万辆到第2000万辆下线，仅用时17个月。时间和数字的变化，展示了我国新能源汽车崛起的加速度，勾勒出我国汽车产业高质量发展轨迹。汽车被誉为"现代工业皇冠上的明珠"，是公认最能体现国家制造实力的重要标志之一。在燃油车时代，中国汽车工业努力从旁观者变成了参与者。随着百年汽车迈向电动化、智能化、网联化和共享化的"新四化"的新征程，我国敏锐捕捉全球汽车产业转型升级和绿色发展的主要方向，以前瞻性的战略判断和提前布局，成为新能源汽车领域的领跑者。

  根据公安部统计，截至2024年6月底，我国新能源汽车保有量达2472万辆，呈高速增长态势，但售后维修领域的人才培养速度并没有跟上前端产业的发展。目前，中国有50万家汽车修理厂，真正能够维修新能源汽车的，还不到1万家。从事新能源汽修的技师，不仅要掌握维修原理，还必须要持有汽车维修工证和电工证。因此，传统燃油汽车的修理厂基本无法维修新能源汽车。《制造业人才发展规划指南》显示，到 2025 年，节能与新能源汽车的人才总量预计达到 120 万人，但人才缺口预计可达 103 万人。

比亚迪拥有一系列的核心技术，比如电池、电机、电控以及车身结构等技术，在燃料电池、氢能等领域，比亚迪也走在了行业的前列。2022 年比亚迪新能源汽车销量 186.3 万辆，位居全球新能源汽车销量第一。行云新能作为搭接产业和教育的桥梁，自 2015 年就与比亚迪在院校中开展校企合作，最早将比亚迪新能源汽车技术、产品和人才培养标准引入院校中，并与比亚迪一起参与《汽车维修业经营业务条件 第 1 部分：汽车整车维修企业》《新能源汽车维修维护技术要求》两项国家标准制定。为解决新能源汽车行业人才短缺的现状，行云新能以比亚迪等新能源汽车企业技术、产品和岗位需求为根本，结合比亚迪的生产制造、检测维修、辅助研发设计等核心岗位的技能要求，开发出中—高—本（高技能）衔接的"新能源汽车全产业链人才培养技能树"，构建"岗课赛证"的综合育人体系，并以比亚迪"油转电"训练体系为基础，建立新能源汽车技能训练工作站培训体系，多元化解决新能源汽车售后维修领域人才短缺的难题。

为了响应高速发展的新能源汽车产业对素质高、专业技术全面、技能熟练的大国工匠、高技能人才的迫切需求，为了响应《国家职业教育改革实施方案》提出的"建设一大批校企'双元'合作开发的国家规划教材，倡导使用新型活页式、工作手册式教材并配套开发信息化资源"的倡议，行云新能科技（深圳）有限公司联合中职、高职、本科、技工技师类院校中具有丰富教学实践经验的汽车专业教师与比亚迪汽车工业有限公司合作，历时两年，共同完成了"新能源汽车专业'岗课赛证'融通活页式创新教材"的编写工作。

结合目前新能源汽车专业教材的设置特点，"新能源汽车专业'岗课赛证'融通活页式创新教材"包括《新能源汽车电学基础与高压安全》《新能源汽车构造》《新能源汽车电机及控制系统检修》《新能源汽车动力电池及管理系统检修》《新能源汽车电气技术》《新能源汽车充电技术》《新能源汽车保养与故障诊断技术》共七本。

多年的教材开发经验、教学实践经验、产业端工作经验使我们深切地感受到，教材建设是专业建设的基石。为此，本系列教材力求突出以下特点：

1）以学生为中心。活页式教材具备"工作活页"和"教材"的双重属性，这种双重属性直接赋予了活页式教材在装订形式与内容更新上的灵活性。这种灵活性使得教材可以依据产业发展及时调整相关教学内容与案例，以培养学生的综合职业能力为总目标，其中每一个能力模块都是完整的行动任务。按照"以学生为中心"的思路进行教材开发设计,将"教学资料"的特征和"学习资料"的功能完美结合,使学生具备职业特定技能、行业通用技能以及伴随终身的可持续发展的核心能力。

2)以职业能力为本位。在教材编写之前,我们全面分析了新能源汽车的整车设计端、制造端、销售端、售后服务端这四个产业端,根据新能源汽车企业对机电维修工、新车销售顾问、售后服务顾问、质检工程师等岗位的能力要求,对职业岗位进行能力分解,提炼出完成各项任务所应具备的知识和能力。以此为基础进行教材内容的选择和结构设计,学以致用,实现人才培养与社会需求的无缝衔接,真正体现工学结合的本质特征。同时,在内容设置方面,还尽可能与国家及行业相关技术岗位职业资格标准衔接,力求符合职业技能鉴定的要求,为学生获得相关的职业认证提供帮助。

3)以学习成果为导向。新能源汽车内含多个系统,涉及维护、保养、检修、更换、标定等多种工作任务,这使得相关专业的学生在学习过程中往往会感到无从下手。我们利用了活页式教材的特点来解决此问题。活页式教材是一种以模块化为特征的教材形式,它将一本书分成多个独立的模块,以某种顺序组合在一起,从而形成相应的教学逻辑。教材的每个模块都可以单独制作和更新,便于保持内容的时效性和精准性。通过发挥活页式教材的特点,我们将实际工作所需的理论知识与技能相结合,以工作过程为主线,便于学生在实际的操作过程中掌握工作所需的技能和加深对理论知识的认知。

总体而言,本系列活页式教材以学生为中心,以职业能力为本位,以学习成果为导向,让学生在教师指导下经历完整的工作过程,创设沉浸式教学环境,并在交互体验的过程中建构专业知识,训练专业技能,从而促进学生自主学习能力的提升。在学习任务中,以学习目标、知识索引、情境导入、任务分组、工作计划、进行决策、任务实施、评价反馈等环节为主线,帮助学生在动手操作和了解行业发展的过程中领会团结合作的重要性,培养执着专注、精益求精、一丝不苟、追求卓越的工匠精神。在每个能力模块中引入了拓展阅读,将爱党、爱国、爱业、爱史与爱岗教育融入课程中。为满足"人人皆学、处处能学、时时可学"的需要,本系列活页式教材还搭配了微课等数字化资源辅助学生学习。

虽然本系列教材的编写者在新能源汽车应用型人才培养的教学改革方面进行了一些有益的探索和尝试,但由于水平有限,教材中难免存在错误或疏漏之处,恳请广大读者给予批评指正。

丛书编委会

前　言

我国新能源汽车发展以"三纵三横"为技术路线，以纯电动汽车、插电式混合动力（含增程式）汽车、燃料电池汽车为"三纵"，布局整车技术创新链。以动力电池与管理系统、驱动电机与电力电子、网联化与智能化技术为"三横"，构建关键零部件技术供给体系。

学习新能源汽车构造将帮助我们建立对新能源汽车的结构及各大系统的基础认知，从而为后续学习新能源汽车的动力电池及管理系统、电机及控制系统、电气系统、充电系统等相关课程打下坚实的基础。

教材开发团队参照《职业教育专业目录 2021》汽车相关专业调研了主机厂、主机厂指定服务商、部件厂、各类汽车维修企业等相关企业和新能源汽车组装、测试、售后、救援等相关岗位，分析了汽车销售顾问、测试工程师、售后服务顾问、维修技师、售后维修工程师等岗位的实际工作任务，依据国家教学标准要求，组织了相关学校教师和企业专家，结合多年的教学经验和实践基础，以比亚迪新能源汽车秦 EV 车型为蓝本，编写了这本《新能源汽车构造》教材。

本教材以"做中学"为主导，以程序性知识为主体，配以必要的陈述性知识和策略性知识，重点强化"如何做"，将必要知识点穿插于各个"做"的步骤中，边学习、边实践，在实训教学中渗透理论的讲解，使学生学到的知识能够融会贯通。让学生具有独立思考、将理论运用于实践的能力，成为从事新能源汽车相关工作的高素质技能型专门人才。

本书由山东交通职业学院张力、山东交通职业学院于晓英、百色职业学院梁东确主编；行云新能科技（深圳）有限公司吴立新、山东交通职业学院王树梁、山东交通职业学院刘本超、田东职业技术学校莫忠兴、田东职业技术学校班飞、衢州市工程技术学校姜著参与编写。

  本书配备简易版实训工单，如需详尽版实训工单，请任课老师在机工教育服务网（www.cmpedu.com）注册后免费下载。

  由于编者学识有限，书中不妥或错误之处在所难免，恳请读者提出宝贵建议，以便修订时予以纠正。

编　者

活页式教材使用注意事项

 根据需要,从教材中选择需要夹入活页夹的页面。

 小心地沿页面根部的虚线将页面撕下。为了保证沿虚线撕开,可以先沿虚线折叠一下。注意:一次不要同时撕太多页。

选购孔距为80mm的双孔活页文件夹,文件夹要求选择竖版,不小于B5幅面即可。将撕下的活页式教材装订到活页夹中。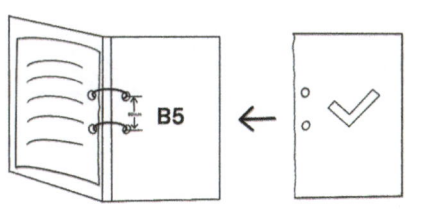

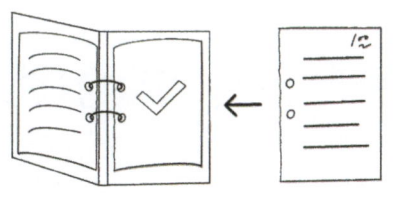  也可将课堂笔记和随堂测验等学习资料,经过标准的孔距为80mm的双孔打孔器打孔后,和教材装订在同一个文件夹中,以方便学习。

温馨提示:在第一次取出教材正文页面之前,可以先尝试撕下本页,作为练习

目 录

序

前 言

能力模块一　掌握新能源汽车基本构造 / 001

任务一　认知纯电动汽车构造 / 002

任务二　认知混合动力汽车构造 / 017

任务三　认知其他类型新能源汽车构造 / 028

能力模块二　掌握动力电池及管理系统构造与拆装方法 / 037

任务一　拆装动力电池模组 / 038

任务二　拆装电池管理系统 / 047

任务三　拆装动力电池总成 / 061

能力模块三　掌握驱动系统构造与拆装方法 / 071

任务一　拆装驱动电机 / 072

任务二　拆装驱动电机控制器 / 084

任务三　认知电机驱动系统工作原理与结构 / 096

能力模块四　掌握充电系统构造与拆装方法 / 107

任务一　认知充电系统的工作原理与结构 / 108

任务二　拆装充电系统 / 118

能力模块五

掌握底盘系统构造与拆装方法 / 129

任务一　拆装转向系统 / 130

任务二　拆装制动系统 / 143

任务三　拆装悬架系统 / 154

能力模块六

掌握电子电气系统构造与拆装方法 / 169

任务一　认知新能源汽车电子电气系统架构 / 170

任务二　拆装新能源汽车电子电气系统 / 180

参考文献 / 194

新能源汽车构造

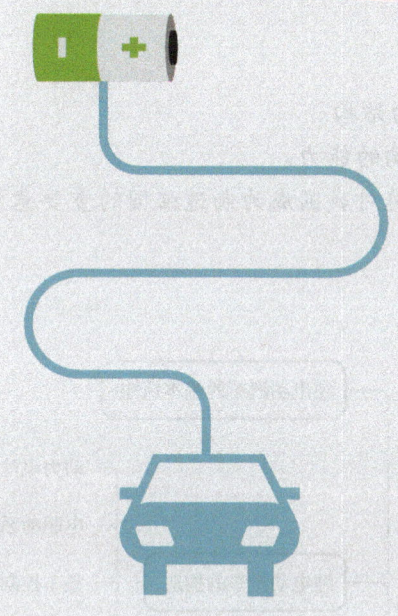

能力模块一
掌握新能源汽车基本构造

任务一　认知纯电动汽车构造

学习目标

- 了解纯电动汽车的优势。
- 掌握纯电动汽车的构造。
- 了解比亚迪秦 EV 车型的结构。
- 具备阐述纯电动汽车结构的能力。
- 了解新能源汽车智能制造对我国成为制造强国的重要意义,树立职业自豪感。

知识索引

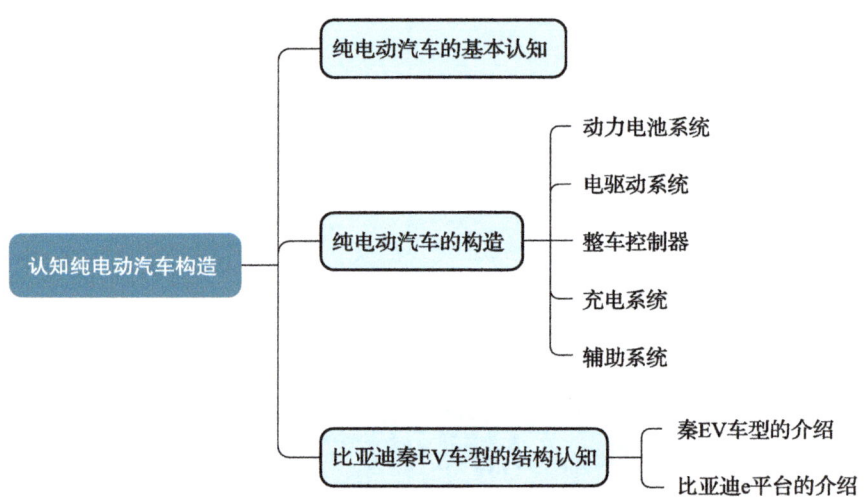

情境导入

　　发展新能源汽车是我国的国家战略,在国家及地方政府配套政策的支持下,我国新能源汽车实现了产业化和规模化的飞跃式发展。无论是产销量还是全球市场份额,我国均为世界第一。随着新能源汽车行业飞速发展,与之相关的技术还有很大的发展空间,也就有了更多的人才缺口,若我们未来想要从事与新能源汽车相关的行业,那我们首先需要了解的就是纯电动汽车的构造。

获取信息

引导问题 1

请查阅资料,阐述纯电动汽车的优势。

_____
_____

纯电动汽车的基本认知

纯电动汽车是指以车载电源为动力,用电机驱动车轮行驶,符合道路交通、安全法规各项要求的车辆。图 1-1-1 所示为比亚迪纯电动汽车。

a) b)

图 1-1-1 比亚迪纯电动汽车

a) 比亚迪秦 EV b) 比亚迪海豚

纯电动汽车的优势如下。

1)无污染,噪声低。没有内燃机的电动汽车不会产生尾气污染,非常有利于环保和空气净化,几乎是一种零污染的车型。

2)单一电能源。与混合动力汽车、燃料电池汽车相比,纯电动汽车的电机、燃料、传动系统占用的空间和重量可以用来弥补对电池的需求;并且由于使用单一电能源,电控系统相对于混合动力汽车大大简化,降低了成本,还可以部分补偿电池的价格。

3)结构简单,维修方便。与内燃机相比,电动汽车结构更简单,运行和传动部件更少,维修工作量更小。

4)能量转换效率高。可以回收制动和下坡时的能量,提高能量的利用效率。

5)稳定电网峰谷差。可利用电网便宜的谷电在夜间充电,稳定电网峰谷差。

6)政策优势。优惠好、补贴高、免征购置税等政策优势明显。

引导问题 2

请查阅相关资料,简述纯电动汽车的构造。

_____
_____
_____

纯电动汽车的构造

纯电动汽车是目前国内主流新能源汽车，与传统汽车相比，取消了发动机，底盘的传动机构也发生了改变，根据驱动方式的不同，有些部件被简化或省去，增加了电源系统和驱动电机系统等。典型的纯电动汽车主要由动力电池系统、电驱动系统、整车控制器、充电系统和辅助系统等组成，如图 1-1-2 所示。

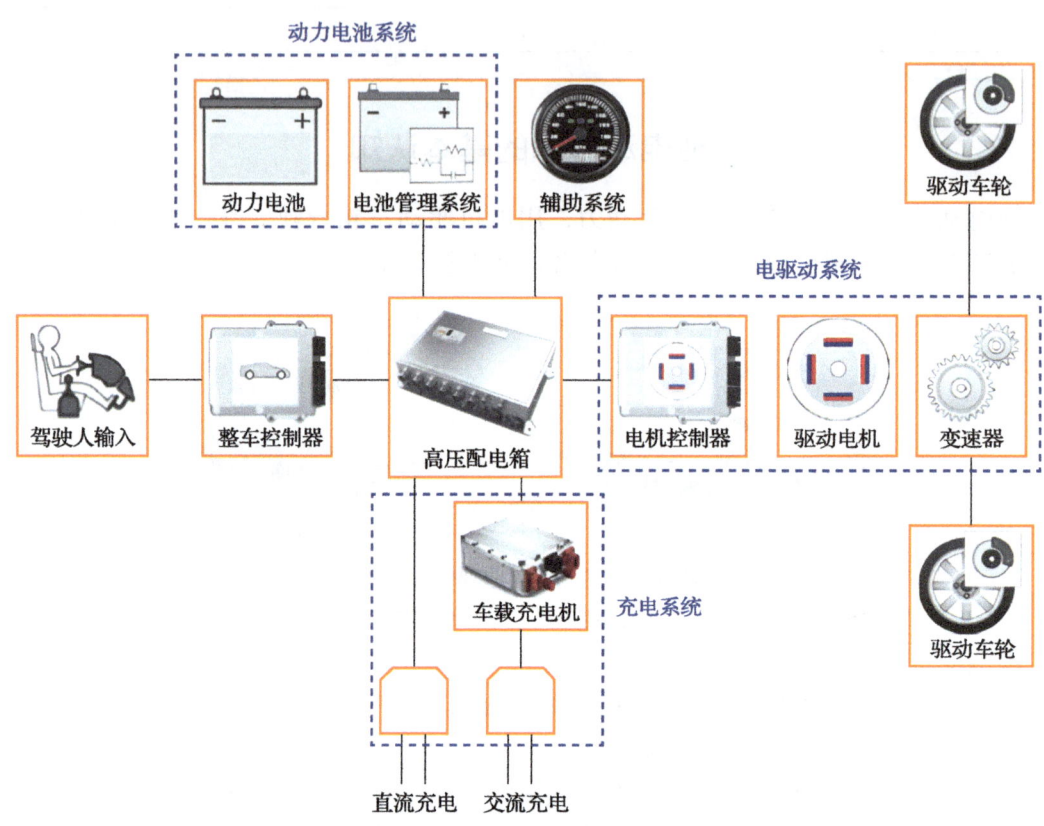

图 1-1-2　纯电动汽车的组成

一、动力电池系统

动力电池系统主要包括动力电池和动力电池管理系统等，其功能是向驱动电机提供电能、监测动力电池使用情况，以及控制充电设备向动力电池充电。

1. 动力电池

动力电池是纯电动汽车的能量存储装置，是新能源汽车的能量来源。动力电池主要包括铅酸电池、金属氢化物镍电池、锂离子电池等。目前，纯电动汽车用动力电池以锂离子电池为主，特别是三元锂电池和磷酸铁锂电池。

动力电池一般安装在纯电动汽车底部，图 1-1-3 所示为比亚迪秦 EV 车型的动力电池。该动力电池为比亚迪自己生产的全新三元锂电池，能量密度为 140.97W·h/kg。NEDC 工况续驶里程为 400km，匀速行驶最大续驶里程为 480km。

图 1-1-3 比亚迪秦 EV 车型的动力电池

2. 动力电池管理系统

　　动力电池管理系统实时监控动力电池的使用情况，对动力电池的电压、内阻、温度、电解液浓度、当前动力电池剩余电量、放电时间、放电电流或放电深度等状态参数进行检测，并按动力电池对环境温度的要求进行调温控制，通过限流控制避免动力电池过充电或放电，通过车载信息显示系统对有关参数进行显示和报警，以便驾驶人随时掌握并配合其操作，按需要及时对动力电池充电并进行维护保养。动力电池管理系统的结构与功能各不相同，应与动力电池和整车行驶需求相匹配。

　　图 1-1-4 所示为典型纯电动汽车的动力电池箱结构，可以看到动力电池箱中的动力电池及动力电池管理系统的布置。

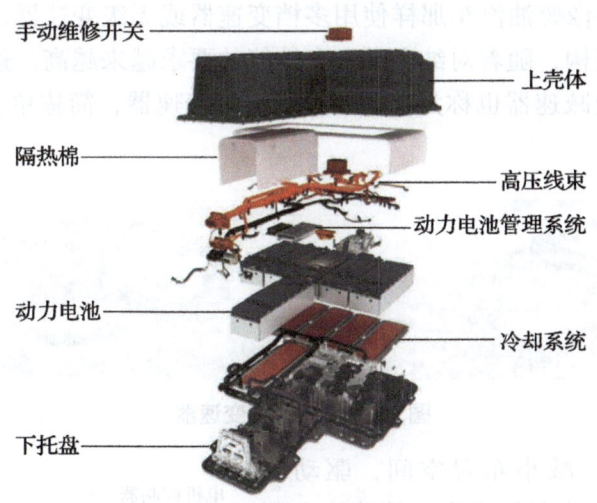

图 1-1-4 纯电动汽车的动力电池箱结构

二、电驱动系统

　　电驱动系统主要包括驱动电机、电机控制器和变速器，其功能是向驱动车轮提供转矩，是纯电动汽车唯一的驱动装置。

1. 驱动电机

　　驱动电机在纯电动汽车中承担电动机和发电机双重功能，即在正常行驶时发挥其主要的电动机功能，将电能转化为机械能；而在减速和下坡滑行时又进行发电，承担发电机功能，将车轮的动能转换为电能充入动力电池中。目前常见驱动电机类型主要有直流电机、异步电机、永磁同步电机和开关磁阻电机，其中永磁同步电机和异步电机为用得较多。图 1-1-5 所示为纯电动汽车使用的典型驱动电机。

2. 电机控制器

电机控制器是按整车控制器的指令和纯电动汽车的行驶需求，对驱动电机的转速、转矩和旋转方向进行控制的部件。图 1-1-6 所示为纯电动汽车的电机控制器。

图 1-1-5　纯电动汽车使用的典型驱动电机

图 1-1-6　纯电动汽车的电机控制器

3. 变速器

纯电动汽车没有像燃油汽车那样使用多档变速器或无级变速器，而是使用驱动电机匹配单级减速器的架构，随着对纯电动汽车性能的要求越来越高，逐渐出现驱动电机匹配两档变速器。单级减速器也称为单档固定传动比变速器，简称单档变速器。图 1-1-7 所示为单档变速器。

图 1-1-7　单档变速器

为了提高效率，减小布置空间，驱动电机、电机控制器和变速器集成为一体称为电驱动系统。图 1-1-8 所示为大众思皓 E50A 车型三合一高集成电驱动系统。该系统峰值功率为 142kW，峰值转矩为 340N·m，峰值转速为 11000r/min，搭载该电驱动系统的新能源汽车，0~100km/h 加速时间为 7.6s，最大爬坡度可达 40%。纯电动汽车采用三合一电驱动系统，可以使底盘结构大大简化，留出更多空间，用于安装电源系统。

图 1-1-8　大众思皓 E50A 车型三合一高集成电驱动系统

三、整车控制器

整车控制器是纯电动汽车的中枢，它根据驾驶人输入的加速踏板和制动踏板的信号，向电机控制器发出相应的控制指令，对驱动电机进行起动、加速、减速、制动控制。在新能源汽车减速和下坡滑行时，整车控制器配合电源系统的动力电池管理系统进行发电回馈，使动力电池反向充电。整车控制器还对动力电池充放电过程进行控制。对于与汽车行驶状况有关的速度、功率、电压、电流及有关故障诊断等信息，还需传输到车载信息显示系统进行相应的数字或模拟显示。图1-1-9所示为典型纯电动汽车整车控制器。

图1-1-9 典型纯电动汽车整车控制器

四、充电系统

充电系统由车载充电机、充电接口和地面充电设备等组成，主要功能是为纯电动汽车动力电池充电。

1. 车载充电机

车载充电机是把电网供电制式转换为对动力电池充电要求的制式，即把交流电转换为相应电压的直流电，并按要求控制其充电电流，为动力电池充电。车载充电机的发展趋势之一是双向的，既能向纯电动汽车动力电池充电，也可以把多余的电反馈给电网。图1-1-10所示为6.6kW车载充电机，它的外形尺寸为286mm×280mm×94mm，质量为6kg；输入单相交流电压为85~264V，输出直流电压为108V/144V/336V/384V（可定制）。

2. 充电接口

纯电动汽车一般有两个充电接口：一个是直流充电接口，用于动力电池的快充；另一个是交流充电接口，用于动力电池的慢充。图1-1-11所示为比亚迪秦Plus纯电动汽车的充电接口。

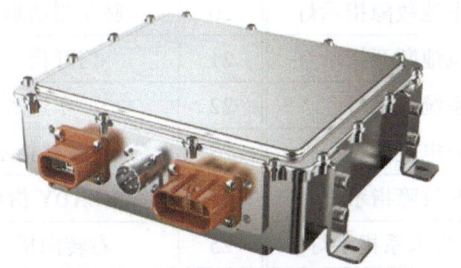

图1-1-10 6.6kW车载充电机

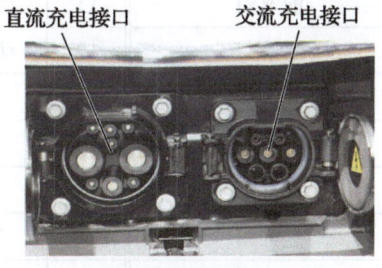

图1-1-11 比亚迪秦Plus纯电动汽车的充电接口

3. 地面充电设备

地面充电设备是指给纯电动汽车充电的各种设施，主要包括直流充电站、交流充电桩等。图 1-1-12 所示为给纯电动汽车充电的交流充电桩。

五、辅助系统

辅助系统包括车载信息显示系统和辅助电气设备等。

1. 车载信息显示系统

目前，纯电动汽车的车载信息显示系统以汽车仪表为主，如图 1-1-13 所示。图 1-1-13 上图注的具体含义见表 1-1-1。

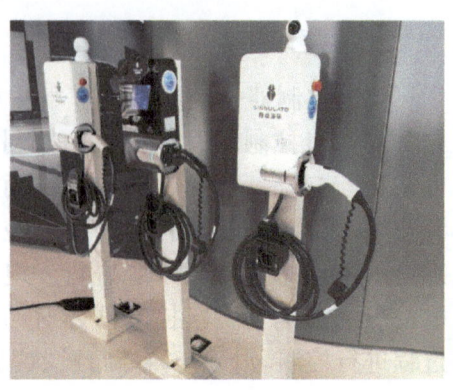

图 1-1-12　给纯电动汽车充电的交流充电桩

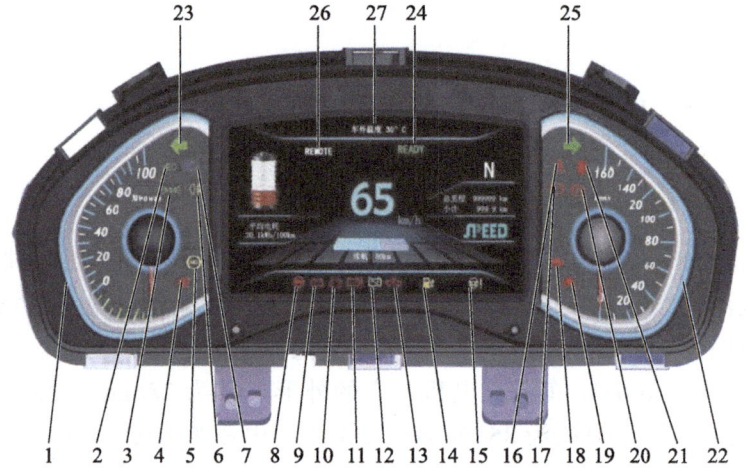

图 1-1-13　纯电动汽车的车载信息显示系统

表 1-1-1　车载信息显示系统的具体含义

序号	名称	序号	名称	序号	名称
1	驱动电机功率表	10	驱动电机及控制器过热指示灯	19	充电线连接指示灯
2	前雾灯	11	动力电池故障指示灯	20	驻车制动指示灯
3	示廓灯	12	动力电池断开指示灯	21	门开指示灯
4	安全气囊指示灯	13	系统故障灯	22	车速表
5	ABS 指示灯	14	充电提醒灯	23	左转向指示灯
6	后雾灯	15	EPS 故障指示灯	24	READY 指示灯
7	远光灯	16	安全带未系指示灯	25	右转向指示灯
8	跛行指示灯	17	制动故障指示灯	26	REMOTE 指示灯
9	12V 蓄电池故障指示灯	18	防盗指示灯	27	室外温度提示

随着汽车智能化、网络化的发展，车载信息显示系统将向智能座舱方向发展。智能座舱系统是以车联网为依托，集合丰富的车载传感器、控制器、网络传感器、云端数据、算力资源，基于人工智能技术和先进的人机交互技术，提供友好的人机交互界面，提升车辆行驶安全、通信感知能力、用户体验的汽车座舱软硬件集成系统，主要由人机交互系统、环境控制系统、影音娱乐系统、信息通信系统、导航定位系统等组成。

现阶段大部分座舱产品仍是分布式离散控制，即操作系统互相独立，核心技术体现为模块化、集成化设计。未来，随着高级别自动驾驶逐步应用，芯片和算法等性能增加，座舱产品将进一步升级，一芯多屏、多屏互融、立体式虚拟呈现等技术普及，核心技术体现为进一步集成智能驾驶的能力。目前设想的未来智能座舱如图1-1-14所示。

图1-1-14　设想中的未来智能座舱

2. 辅助电气设备

辅助电气设备主要包括电动转向系统、导航系统、电动空调、照明等。随着自动驾驶级别的提高，汽车底盘的发展趋势是线控化（即线控转向、线控制动和线控驱动），并且相应的汽车辅助电气设备也会越来越多。

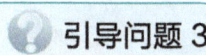 **引导问题 3**

请查阅相关资料，简述比亚迪e平台的"33111"的含义。

_____

_____

_____

比亚迪秦EV车型的结构认知

一、秦EV车型的介绍

比亚迪秦EV是2019年在比亚迪e平台"33111"上生产的全新一代纯电动轿车，图1-1-15所示是秦EV的外观图。比亚迪e平台让新能源汽车的结构更简单、更安全、更可靠。通过对原本繁杂、分立的零组件进行标准化、集成化设计，让新能源汽车的核心零组件体积变小，质量变小，可以满足现代新能源汽车轻量化的目的。

图1-1-15　秦EV外观图

秦EV的车身由典型集成系统组成，如前驱电动总成、充配电总成、空调总成等。

秦EV的前驱电动总成由驱动电机控制器、驱动电机以及单档变速器组成。充配电总成由车载充电器（以下简称：OBC）、DC/DC变换器、高压配电箱组成。前驱电动总成和充配电总成的冷却方式是通过电子水泵循环来进行冷却的。

秦 EV 车型的空调总成由电动压缩机、PTC 水加热器、冷却补偿水箱、电子膨胀阀、R134a 制冷剂、冷冻机油（POE）组成。

二、比亚迪 e 平台的介绍

比亚迪 e 平台的"33111"第一个"3"代表前驱电动总成，由驱动电机、电机控制器和单档减速器进行三者合一，如图 1-1-16 所示。驱动电机及其控制器采用直连的方式，在车辆运行过程中，减少电缆线的能量损耗，在能量回收过程中，减少电缆线损耗。因此，减少三相电缆，使前驱电动总成的成本降低了 33%、体积减小了 30%、质量也减小了 25%、功率密度增加 20%、NEDC 效率提升 1%、转矩密度增加 17%。高速传动,带来较高的转矩容量和提升总成效率。

图 1-1-16　秦 EV 前驱电动总成

第二个"3"是指充配电总成，将一个 6.6kW 的 OBC、一个 2.2kW 的 DC/DC 电源变换器和高压配电（以下简称：PDU）进行三者合一，如图 1-1-17 所示。充配电总成相较于原来 2016/2017 款的比亚迪 e5 的高压电控总成体积小、质量小、功率密度大（大于 2kW/L）、支持电池电压范围更宽，适用于不同车型的不同电池电压平台。充配电总成的作用是控制能量流入和流出电池，通过配电箱来做管理和保护。在配电的部分，配电箱主要负责把电池输出的高压电与电机控制器相连接，再与直流充电的回路相连接，并对空调加热的 PTC、空调压缩机等高压附件进行动力分配。

图 1-1-17　充配电总成（电池加热车型）

第一个"1"是指 1 块能量密度高、长续驶里程、性能稳定的镍钴锰 622（以下简称：NCM622）三元锂电池模组。电池组的额定容量为 130A·h，标称电压为 408.8V、单体电池的标称电压为 3.7V。2019 年投放市场的秦 EV 搭载的动力电池的电量有 40.62kW·h 和 53.13kW·h 两种，对应的续驶里程为 300km 和 405km。动力电池安装在车辆底盘部位，如图 1-1-18 所示。动力电池参数及存储标准见表 1-1-2。

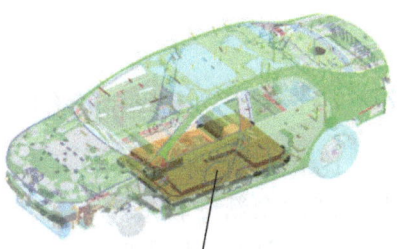

图 1-1-18　秦 EV 车型动力电池安装位置

表 1-1-2　秦 EV 车型动力电池参数及存储标准

性能指标	规格（300km）	规格（400km）	备注
电池包容量 /A·h	105	130	（23±2）℃、1C 充电、1C 放电
额定电压 /V	386.9	408.8	

（续）

性能指标	规格（300km）	规格（400km）	备注
充电截止电压 /V	4.2	4.2	充电截止
放电截止电压 /V	2.5	2.5	放电截止
充电温度 /℃	−20~65	−20~65	与 BMS 配套使用
放电温度 /℃	−30~65	−30~65	与 BMS 配套使用
储存温度	−40~40℃，短期储存（3 个月）25% ≤ SOC ≤ 40%		
	−20~35℃，长期储存（< 1 年）30% ≤ SOC ≤ 40%		
质量	≤ 350kg		

第二个"1"表示一块高度集成的 PCB 板——集成式车身控制器，如图 1-1-19 所示。它将传统汽车内的多块控制器集中整合在一个控制器内，整车的线束减少了约 50 根，从而大大减小了控制器的质量，节省了空间，降低了车辆能耗。在功能上，这块集成式车身控制器集成了仪表、空调、音响、智能钥匙、倒车辅助、门窗等十多项原本分立的控制模块。它安装在驾驶室转向盘下方，如图 1-1-20 所示。

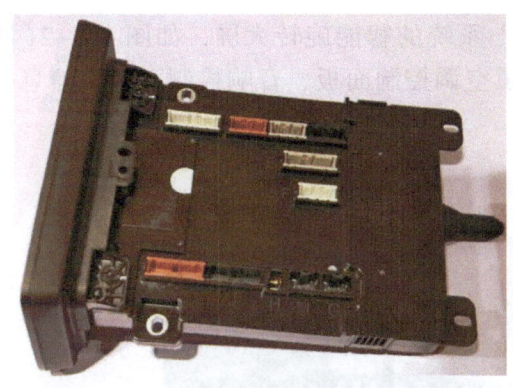
图 1-1-19　秦 EV 车型集成式车身控制器

图 1-1-20　秦 EV 车型左域控制器（安装位置）

以 2021 款秦 EV 车型为例，它安装了比亚迪最新的集成式车辆控制模块，集成度更高，进一步减少了线束的使用。行业内称"低压十合一"。比亚迪内部称为左域控制器，主要功能见表 1-1-3。

表 1-1-3　集成式车身控制器（左域控制器）的解析

零组件名称		功能
集成式车身控制器	驻车辅助系统模块	驻车辅助系统，即在倒车时能探测监控范围内的障碍物，给驾驶人发出视觉和听觉信号，以提高汽车停车安全性的辅助装置。驻车辅助系统模块为控制探头，用于判断是否有障碍物并发出视觉和听觉信号的控制模块
	信息站（蓝牙钥匙）	蓝牙钥匙系统包括车辆端的蓝牙模块、手机 App 应用程序。采用蓝牙技术使智能收集与车辆进行近距离连接，对车辆进行安全的解闭锁

(续)

零组件名称		功能
集成式车身控制器	网关控制器总成	网关是一种实现不同通信网络间模块进行通信的信息转换单元（类似路由器）
	智能钥匙系统控制器	驱动天线发射低频钥匙探测信号、接收并验证钥匙信息，与车身控制模块进行 CAN 通信请求实现开、闭锁及启动功能
	高频接收模块	接收钥匙发射的高频信号，并能将其携带的信息解调出来发送给智能钥匙系统控制器
	车身控制模块	具有控制门锁、灯光、起动配电等功能
	空调及电池热管理控制器	乘员舱空调采暖、制冷、驻车通风等功能。电池热管理动力电池有需求时，给电池加热和制冷
	引擎音发生器	根据法规要求，在车速小于 30km/h 时引擎音发生器需要发声，用于提示
组合仪表显示屏	组合仪表 + 组合仪表控制器（属于集成式车身控制器）	用于显示车速、功率、里程、档位、时间、指示灯、行车信息、报警等提示信息

第三个"1"表示一块搭载"DiLink"系统的智能旋转大屏，如图 1-1-21 所示。在功能上，这块智能旋转大屏同时兼备了空调控制面板、音响控制面板、信息娱乐显示屏的功能。

图 1-1-21　DiLink 智能旋转大屏

📖 拓展阅读

推动制造业数字化转型，是我国制造强国建设的重要一环。党的十八大以来，我国制造业数字化转型进展迅速，取得了显著成果，正稳步实现制造产业的高端化、智能化、绿色化发展。目前，新能源汽车成为中国智能制造"新名片"，意味着我国汽车智能制造工业开始崛起，真正地从一个汽车大国迈向一个汽车强国，实现我国新能源汽车行业电动化、智能化、全球化发展。

新能源汽车智能制造是指在数字化、自动化、智能化的基础上,利用人工智能、大数据分析等技术,实现对电动汽车生产全过程的智能化管理和控制。它是基于信息技术和先进制造技术发展起来的一种综合性生产技术,它贯穿于生产环节的设计、过程、管理和售后服务多个作业环节,这样不仅可以提高生产效率和质量,降低成本,同时还能满足不同用户的需求,为企业带来更大的经济效益。

1. 智能化生产线建设

在智能制造系统中,智能化生产线是重要组成部分。通过自动化设备和智能控制系统,实现针对电动汽车不同组装环节的自动化生产,包括焊接、涂装、装配等环节。同时,该系统还能实现对生产过程的实时监测,从而确保生产质量和生产效率的提高。

2. 数据化生产管理

在电动汽车的生产过程中,需要实时监测各个环节的数据,通过大数据分析来进行整合、分析和优化。智能制造系统的数据化生产管理能够有效地提高生产效率和质量,减少生产成本,为企业的可持续发展带来更大的经济效益。

3. 人机协同生产模式

人机协同模式是把人和机器有机结合起来,实现人机协同合作的一种生产模式。智能制造系统中,通过机器自动化进行电动汽车的加工、组装等环节,而人员则扮演着监管、控制、协调等角色,实现人机协同生产,提高生产效率和生产质量。

4. 智能供应链管理

电动汽车的制造需要涉及供应商、物流商等众多组织和企业,而智能制造系统通过智能化供应链管理,能够有效地协调这些关键资源,优化供应链效率,确保生产线的顺畅运行。

5. 智能化品质检测

智能制造系统中,通过自动化的品质检测设备和智能的检测算法,能够对电动汽车产品进行全程智能化检测,与传统的手工检测相比,该方法具有全面、精准、高效的特点,能够提高产品的合格率和用户满意度。

尽管目前来看有部分大型企业实现了阶段性的智能制造,但是仍然存在很多无法攻克的难题,由于技术的复杂性,未来新能源汽车智能制造技术将处于一个渐进式的发展过程,涉及产品、工艺、设备、刀具和材料等,电池的制造和装配技术仍需要有所创新,另外数字化信息技术、智能自动化技术以及3D打印技术等也将开始尝试应用在制造过程中。因此,加强新能源智能制造前沿技术的研究和应用实践,才能为企业的发展、技术的进步带来更大的贡献和收益。

| 姓名 | | 班级 | | 日期 | |

任务分组

学生任务分配表见表 1-1-4。

表 1-1-4 学生任务分配表

班级		组号		指导老师	
组长		学号			
组员角色分配					
信息员		学号			
操作员		学号			
记录员		学号			
安全员		学号			
任务分工					
（就组织讨论、工具准备、数据采集、数据记录、安全监督、成果展示等工作内容进行任务分工）					

工作计划

按照前面所了解的知识内容和小组内部讨论的结果，制定工作方案，落实各项工作负责人，如任务实施前的准备工作、实施中主要操作及协助支持工作、实施过程中相关要点及数据的记录工作等，见表 1-1-5。

表 1-1-5 工作计划表

步骤	工作内容	负责人
1		
2		
3		
4		
5		
6		
7		
8		

进行决策

1）各组派代表阐述资料查询结果。
2）各组就各自的查询结果进行交流，并分享技巧。
3）教师对各组的计划方案进行点评。
4）各组长对组内成员进行任务分工，教师确认分工是否合理。

任务实施

引导问题 4

扫描二维码观看视频，了解纯电动汽车的构造。
_____
_____
_____

评价反馈

1）各组代表展示汇报 PPT，介绍任务的完成过程。
2）以小组为单位，对各组的操作过程与操作结果进行自评和互评，并将结果填入综合评价表（表 1-1-6）中的小组评价部分。
3）教师对学生工作过程与工作结果进行评价，并将评价结果填入综合评价表中的教师评价部分。

表 1-1-6 综合评价表

班级		组别		姓名		学号	
实训任务							
	评价项目	评价标准				分值	得分
小组评价	计划决策	制定的工作方案合理可行，小组成员分工明确				10	
	任务实施	能够正确检查并设置实训工位				5	
		能够准备和规范使用工具设备				5	
		能够正确阐述纯电动汽车相较于传统燃油车的优势				20	
		能够正确阐述纯电动汽车的构造				20	
		能够规范填写任务工单				10	
	任务达成	能按照工作方案操作，按计划完成工作任务				10	
	工作态度	认真严谨，积极主动，安全生产，文明施工				10	
	团队合作	小组组员积极配合、主动交流、协调工作				5	
	6S 管理	完成竣工检验、现场恢复				5	
		小计				100	

（续）

评价项目		评价标准	分值	得分
教师评价	实训纪律	不出现无故迟到、早退、旷课现象，不违反课堂纪律	10	
	方案实施	严格按照工作方案完成任务实施	20	
	团队协作	任务实施过程互相配合，协作度高	20	
	工作质量	能准确完成本节的实训任务	20	
	工作规范	操作规范，三不落地，无意外事故发生	10	
	汇报展示	能准确表达、总结到位、改进措施可行	20	
		小计	100	
综合评分		小组评价分 ×50% + 教师评价分 ×50%		
总结与反思				

（如：学习过程中遇到什么问题→如何解决的 / 解决不了的原因→心得体会）

任务二　认知混合动力汽车构造

学习目标

- 了解混合动力汽车的定义与特点。
- 掌握混合动力汽车的结构组成。
- 具备阐述混合动力汽车结构的能力。
- 了解混合动力汽车的发展历程，培养收集信息与处理信息的能力。

知识索引

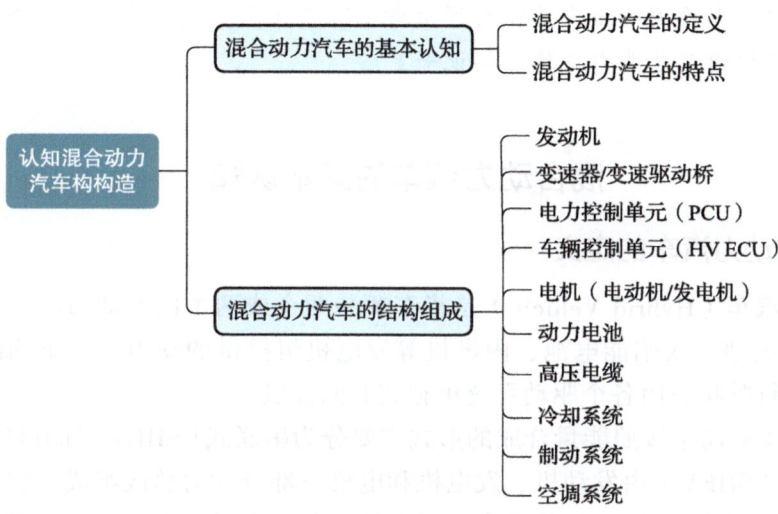

情境导入

　　第一辆混合动力车辆名叫：罗纳-保时捷（Lohner-Porsche），是由斐迪南·保时捷在1899年制成的。最先大批量生产的混合动力车则在1990年才出现，分别为丰田Prius和本田Insight，这两款车都可由电机直接提供动力推动车轮。

　　新能源汽车包括纯电动汽车、增程式电动汽车、混合动力汽车、燃料电池电动汽车、氢发动机汽车等。我们在路上经常可以见到混合动力汽车，你了解它的结构与特点吗？

新能源汽车构造　　姓名　　班级　　日期

获取信息

引导问题 1

什么是混合动力汽车？请查阅资料并简述混合动力汽车的定义。

_____

_____

_____

考证指南

在交通运输部职业资格中心 2022 年 7 月发布的《新能源汽车检测维修专业能力评价标准》中，明确对混合动力新能源汽车专业术语进行解释，指的是至少从两类车载储存的能量中获得动力的汽车：可消耗的燃料；可再充电能／能量储存装置。同时对混合动力汽车类型进行详细的划分，感兴趣的同学可以去了解 GB/T 5624—2019《汽车维修术语》和 GB/T 19596—2017《电动汽车术语》，通过新能源汽车检测维修专业能力评价考试可获得由交通运输部职业资格中心颁发的《交通运输专业能力评价合格证书》。

混合动力汽车的基本认知

一、混合动力汽车的定义

混合动力汽车（Hybrid Vehicle）是指车辆装两个或两个以上动力源，如配置了动力电池、燃料电池、太阳能电池、内燃机等发电机组提供的动力源；车辆的行驶功率依据实际车辆行驶状态由各个驱动系统单独或共同提供。

混合动力源电动车按照能量合成的形式主要分为串联式（SHEV）和并联式（PHEV）两种；串联式（SHEV）由发动机、发电机和电机三部分动力总成组成，它们之间以串联的方式组成串联式（SHEV）的动力单元系统，负荷小时，由动力电池驱动电机带动车轮转动，负荷大时，则由发动机带动发电机发电驱动电机。

而并联式（PHEV）装置的发动机和电机以机械能叠加的方式驱动汽车，发动机与电机分属两套系统，可以分别独立地向汽车传动系提供转矩，在不同的路面上既可以共同驱动又可以单独驱动。

在混合动力汽车上使用电机，可以按照整车的实际运行工况要求，灵活调控动力系统，让发动机始终保持在综合性能最佳的区域内工作，从而降低油耗与排放。混合动力汽车当中，比较典型的有如图 1-2-1 所示的比亚迪·唐。

图 1-2-1　比亚迪·唐混合动力汽车

二、混合动力汽车的特点

混合动力新能源汽车是将发动机、电机、能量存储装置（动力电池）等组合在一起，它们之间经过良好匹配和优化控制，可充分发挥发动机汽车和新能源汽车的优点，避免各自的不足。

1. 混合动力新能源汽车的主要特点

1）采用小排量的发动机，降低了燃油消耗。
2）可以使发动机经常工作在高效低排放区，提高了能量转换效率，降低了排放。
3）将制动、下坡时的能量回收到动力电池中，可以再次利用，降低了燃油消耗。
4）在繁华市区，可关停发动机，由电机单独驱动，实现"零"排放。
5）电机和发动机联合驱动，提高了车辆动力性，增强了驾驶乐趣。
6）利用现有的加油设施，具有与传统燃油汽车相同的续驶里程。

2. 与传统汽车相比，混合动力新能源汽车的优点

1）使发动机在最佳的工况区域稳定运行，避免或减少了发动机变工况下的不良运行，使发动机的尾气排放和油耗大大降低。
2）在人口密集的商圈和居民区等地可用纯电动模式驱动车辆，实现"零"排放。
3）可配备功率较小的发动机。因为车辆可通过电动机/发电机提供动力，并且可通过电动机/发电机回收汽车减速和制动时的能量，进一步降低了车辆的能耗和尾气排放。

3. 与纯电汽车相比，混合动力新能源汽车的优点

1）因为混合动力新能源汽车配备了两种动力系统，减少了所需动力电池的数量和质量，因此可以减小汽车质量。
2）车辆的续驶里程和动力性，可达到传统汽车的水平。
3）借助发动机的动力，可驱动附属设备（如空调、真空助力、转向助力等），不用消耗动力电池有限的电能，从而保证了驾驶和乘坐的舒适性。

> **引导问题 2**
>
> 请查阅相关资料，简述混合动力汽车的结构组成。
> _____
> _____
> _____

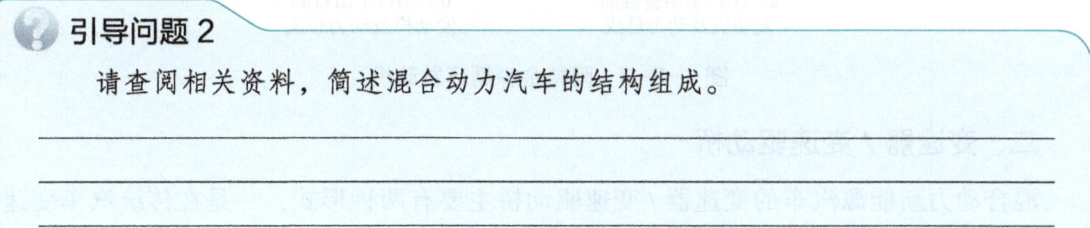

混合动力汽车的结构组成

典型的混合动力新能源汽车的混合动力系统主要由发动机、变速器、电力控制单元（PCU）、车辆控制单元、电动机/发电机、动力电池、高压电缆、冷却系统、制动系统等组成。博世公司开发的混合动力系统的组成如图1-2-2所示。

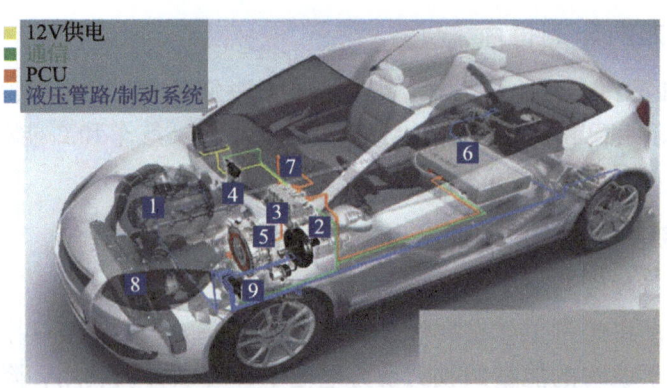

图 1-2-2 混合动力新能源汽车的混合动力系统的组成

1—发动机 2—变速器 3—PCU 4—车辆控制单元 5—电动机/发电机
6—动力电池 7—高压电缆 8—冷却系统 9—制动系统

一、发动机

混合动力新能源汽车的工作与传统汽车有所不同,混合动力新能源汽车中的发动机需较长时间内以高功率运转,而不需频繁改变功率输出。到目前为止,专门为混合动力汽车设计的发动机,还没有得到充分的开发。

混合动力汽车可以采用四冲程发动机(包括汽油机和柴油机)、二冲程发动机(包括汽油机和柴油机)、转子发动机、燃气轮机和斯特林发动机等。丰田和本田的混合动力系统一般都是配备阿特金森循环发动机,如图 1-2-3 所示。

a) 2017丰田普锐斯发动机及动力总成　　b) 2017本田雅阁发动机及动力总成

图 1-2-3　阿特金森循环发动机

二、变速器/变速驱动桥

混合动力新能源汽车的变速器/变速驱动桥主要有两种形式:一是在传统汽车变速器/变速驱动桥的基础上,即在发动机与变速器/变速驱动桥之间加入电机(电动机/发电机),如图 1-2-4 所示;二是在传统汽车变速器/变速驱动桥内部加入电机(电动机/发电机),这与传统车辆上变速器/变速驱动桥的区别不大,如图 1-2-5 所示。

三、电力控制单元(PCU)

电力控制单元(PCU)主要集成了电压变换器和逆变器,内部有冷却液管路。它主

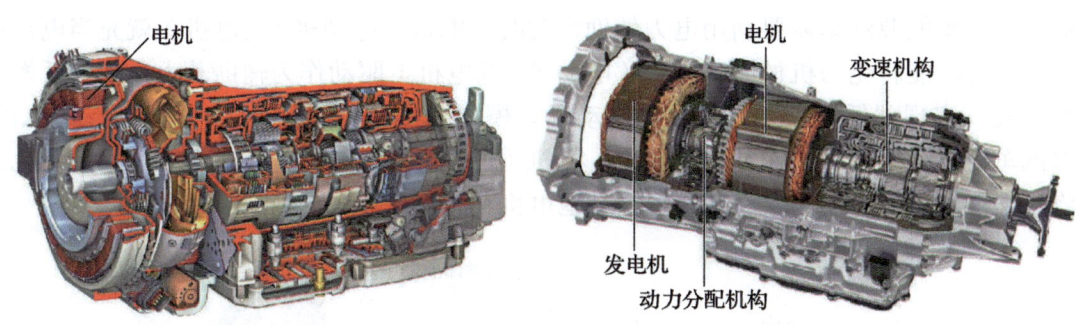

图 1-2-4　电机在发动机与变速器/变速驱动桥之间　　图 1-2-5　电机在变速器/变速驱动桥内部

要用于升降电压、直流交流转换等。

　　图 1-2-6 是丰田 THS-Ⅱ混合动力系统的电力控制单元（PCU）主体，主要由集成电路控制面板、双面散热的功率半导体元件、层叠型冷却器及电容器等构成。电力控制单元（PCU）内的功率半导体从两面进行冷却，过去采用的是单面冷却。

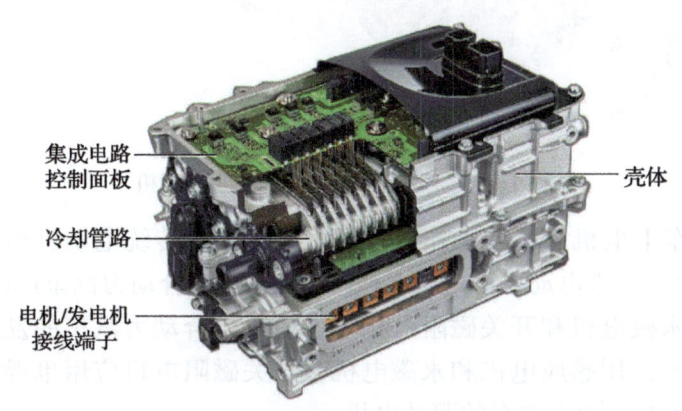

图 1-2-6　丰田 THS-Ⅱ混合动力系统的电力控制单元（PCU）

四、车辆控制单元（HV ECU）

　　车辆控制单元负责混合动力系统的综合控制，主要包括发动机、电子控制无级变速器和高压蓄电池（动力电池）等。例如，丰田 THS-Ⅱ混合动力系统中的车辆控制单元（HV ECU）主要实现以下几个功能。

　　1）接收来自各传感器及 ECU（蓄电池电压传感器、防滑控制 ECU 和动力转向 ECU）的信息，并基于该信息，计算出所需转矩及输出功率。混合动力车辆控制 ECU 将计算结果发送到逆变器和防滑控制 ECU。

　　2）根据目标发动机转速和所需发动机原动力，来控制智能电子节气门控制系统。

　　3）监视动力电池的充电状态（SOC）。

　　4）控制动力电池的冷却风扇和 DC/DC 变换器的冷却风扇。

　　5）控制 DC/DC 变换器。

五、电机（电动机/发电机）

　　电机（电动机/发电机）在混合动力系统中扮演着重要角色，如图 1-2-7 所示。当混合动力新能源汽车需要利用电力辅助行驶时，电机（电动机/发电机）就充当电动机角色，将电能转化为机械能。电机（电动机/发电机）驱动作为辅助动力，来降低燃料的消耗和实现"低污染"，或在纯电动驱动模式时实现"零污染"。当混合动力新能源汽车需要再生充电或作补充充电时，电机（电动机/发电机）就充当发电机的角色，将化学能转化为电能储存起来，或给其他电机补充供电。

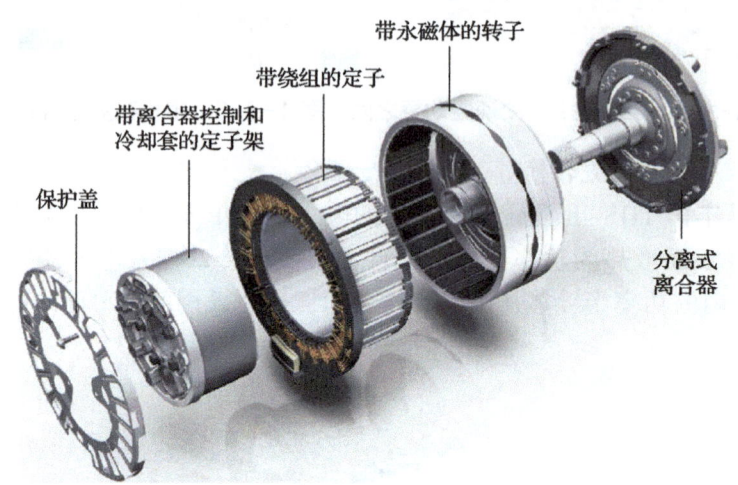

图 1-2-7　奥迪 Q7 e-tron 中的电机

混合动力汽车上电机系统的工作条件及工作模式与传统电动机相比有着很大的区别，这些区别使得工业用电动机不适合在汽车上使用。混合动力汽车可以采用直流电机、交流感应电机、永磁电机和开关磁阻电机等。随着混合动力汽车的发展，直流电机已经很少采用，多数采用感应电机和永磁电机，开关磁阻电机应用也得到重视，还可以采用特种电机作为混合动力汽车的驱动电机。

六、动力电池

混合动力新能源汽车具有两个蓄电池：一个是 12V 蓄电池，也称为辅助蓄电池，它主要是为车上常规的用电器提供电压；另一个是高压蓄电池，也称为动力电池（图 1-2-8），它存储发电机所产生的电能，向电动机供电，同时经过 DC/DC 降压变换器降压后向车辆 12V 蓄电池和车身电器等供电。混合动力汽车的高压蓄电池从 36V 到 600V 以上不等，所有混合动力设计都采用串联连接的高压蓄电池以获取所需的直流电源电压。

图 1-2-8　通用雪弗兰 Volt 车辆上的动力电池

七、高压电缆

高压电缆主要用于混合动力新能源汽车高压电路的连接,它的横截面积较大。高压电缆的颜色为橙色,如图1-2-9所示。

八、冷却系统

混合动力新能源汽车有动力电池冷却系统和发动机冷却系统两个相互独立的冷却系统,电动机/发电机由发动机冷却系统进行冷却。比亚迪唐DM3混合动力冷却系统如图1-2-10所示。

图 1-2-9　高压电缆

图 1-2-10　比亚迪唐 DM3 混合动力冷却系统

九、制动系统

混合动力新能源汽车的制动系统除了执行制动控制外,还有能量再生制动回收功能。图1-2-11是奥迪Q5 hybrid车型采用的电动液压组合制动器(EHCB)系统图。

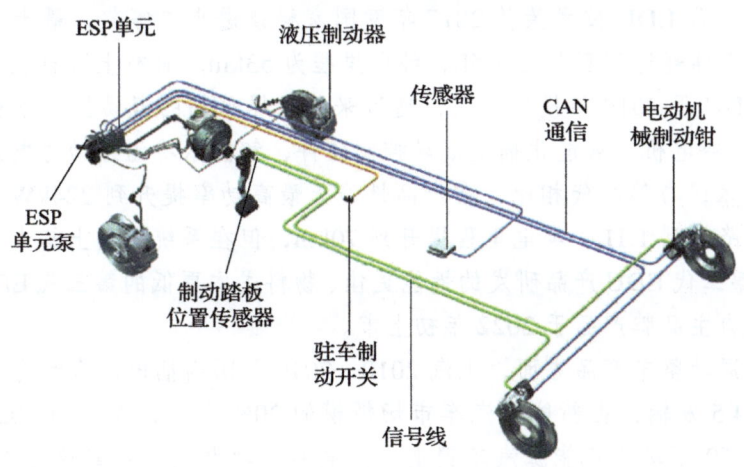

图 1-2-11　奥迪 Q5 hybrid 电动液压组合制动器系统

十、空调系统

混合动力新能源汽车暖风系统主要采用PTC加热,冷风系统的压缩机一般采用电动压缩机,PTC加热器和电动压缩机都由高压系统直接供电。图1-2-12是奥迪Q7 e-tron

的空调系统图。

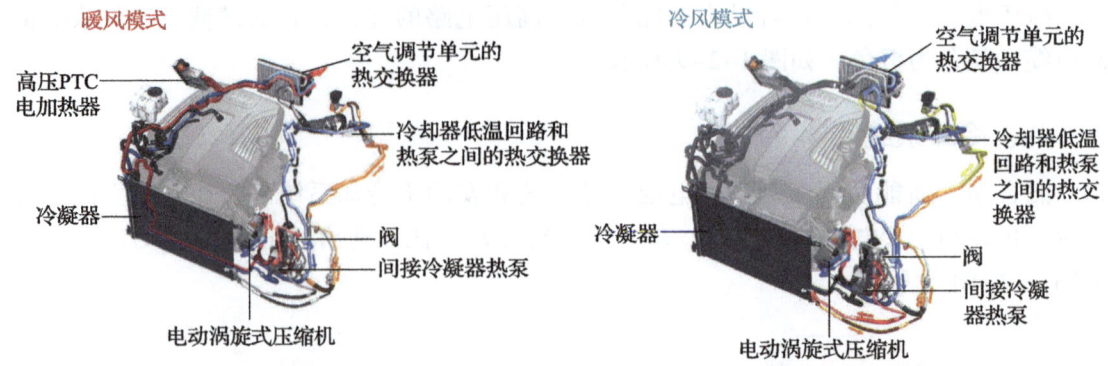

图 1-2-12　奥迪 Q7 e-tron 混合动力空调系统

📖 拓展阅读

　　近些年，国内新能源汽车产业蓬勃发展，各企业一直坚定不移地走节能减排可持续发展道路。

　　上汽集团始终坚定不移地发展新能源汽车，致力于打造绿色、可持续的出行生活，在纯电动、插电混动、燃料电池三条新能源技术路线上持续投入，实现了全面协调发展。其中在插电混动方面基于自主开发的核心技术，结合丰富的产业链资源，持续不断打造富有品价比的整车产品。

　　在插电混动核心技术方面，上汽经过近些年的持续投入，已掌握插电混动的核心技术，并通过技术迭代实现了产品、性能和系统降本的双升级。2017年，上汽第一代 EDU 技术荣获 2017 年度国家科技进步二等奖，最大功率达到 128kW，综合油耗达到百公里 1.5L，纯电里程为 53km。具有上汽自主知识产权的第二代 EDU 于 2019 年投产应用，通过采用世界独创的混动拓扑结构、高速的 Hairpin 油冷电机、智能化插电混动控制软件、智能水冷温控动力电池系统等多项先进技术，与第一代相比，在产品性能上最高功率提升到 224kW，百公里的综合油耗降低到 1.1L，纯电里程提升到 70km，但在系统层面上却大幅下降了 40%。基于第二代 EDU 产品研发的性能更佳、物料成本更低的第三代 EDU 产品，将搭载上汽自主品牌产品于 2022 年初上市。

　　在插电混动整车产品方面，上汽 2010—2019 年国内插电混合动力汽车累计销量超过 84.5 万辆，占新能源汽车市场规模的 20% 左右，在欧洲 2020 年的 9 个月内有近 69 万辆的新能源汽车销量，插电混合动力汽车销售超过 31 万辆，较以往实现了数倍的增长。上汽自主品牌插电混合动力产品 8 款，荣威 RX5、i6 等已经成为国内外插电混动的明星车型，中国自主品牌新能源产品的美誉度和影响力在国内外广泛传播。上汽计划在 2025 年前持续投放不少于 20 款的插电混动产品，以更精益和更稳健的产品设计布局完善上下游产业链体系，持续不断优化整车物料成本，同时通过和智能网联技术相结合，为消费者的绿色出行提供更具品价比的选择。

除上汽集团外，在混合动力系统核心技术改革中，经历多次改进，比亚迪也分别推出了第一代至第四代 DM-i 混动系统，属于全新设计产品，截至 2022 年 2 月统计，累计有 42 万用户。

新能源汽车产业的快速发展，是我国着力培育发展新动能、促进经济高质量发展的一个生动缩影。当前，随着新一轮科技革命和产业变革孕育兴起，不只是汽车产业，各行各业都面临新的发展机遇。尤其是制造业企业，只有在自主研发上加倍努力，掌握更多核心技术、前沿技术，提升核心竞争力，才能在通往未来的跑道上占得先机。

任务分组

学生任务分配表见表 1-2-1。

表 1-2-1　学生任务分配表

班级		组号		指导老师	
组长		学号			
组员角色分配					
信息员		学号			
操作员		学号			
记录员		学号			
安全员		学号			
任务分工					
（就组织讨论、工具准备、数据采集、数据记录、安全监督、成果展示等工作内容进行任务分工）					

工作计划

按照前面所了解的知识内容和小组内部讨论的结果，制定工作方案，落实各项工作负责人，如任务实施前的准备工作、实施中主要操作及协助支持工作、实施过程中相关要点及数据的记录工作等，见表 1-2-2。

表 1-2-2　工作计划表

步骤	工作内容	负责人
1		
2		
3		
4		
5		
6		
7		
8		

进行决策

1）各组派代表阐述资料查询结果。
2）各组就各自的查询结果进行交流，并分享技巧。
3）教师对各组的计划方案进行点评。
4）各组长对组内成员进行任务分工，教师确认分工是否合理。

任务实施

 引导问题 3

扫描二维码观看视频，了解混合动力汽车的构造。

_____
_____
_____

评价反馈

1）各组代表展示汇报 PPT，介绍任务的完成过程。
2）请以小组为单位，对各组的操作过程与操作结果进行自评和互评，并将结果填入综合评价表（表 1-2-3）中的小组评价部分。
3）教师对学生工作过程与工作结果进行评价，并将评价结果填入综合评价表中的教师评价部分。

表 1-2-3 综合评价表

班级		组别		姓名		学号	
实训任务							
评价项目		评价标准				分值	得分
小组评价	计划决策	制定的工作方案合理可行,小组成员分工明确				10	
	任务实施	能够正确检查并设置实训工位				5	
		能够准备和规范使用工具设备				5	
		能够正确阐述混合动力汽车的定义与特点				20	
		能够正确阐述混合动力汽车的构造				20	
		能够规范填写任务工单				10	
	任务达成	能按照工作方案操作,按计划完成工作任务				10	
	工作态度	认真严谨、积极主动,安全生产,文明施工				10	
	团队合作	小组组员积极配合、主动交流、协调工作				5	
	6S 管理	完成竣工检验、现场恢复				5	
		小计				100	
教师评价	实训纪律	不出现无故迟到、早退、旷课现象,不违反课堂纪律				10	
	方案实施	严格按照工作方案完成任务实施				20	
	团队协作	任务实施过程互相配合,协作度高				20	
	工作质量	能准确完成本节的实训任务				20	
	工作规范	操作规范,三不落地,无意外事故发生				10	
	汇报展示	能准确表达、总结到位、改进措施可行				20	
		小计				100	
综合评分		小组评价分 ×50% + 教师评价分 ×50%					
总结与反思							

(如:学习过程中遇到什么问题→如何解决的/解决不了的原因→心得体会)

任务三 认知其他类型新能源汽车构造

学习目标

- 了解燃料电池汽车的定义。
- 掌握燃料电池汽车的结构组成。
- 具备阐述燃料电池汽车结构的能力。
- 掌握各类型新能源汽车的产业发展情况,对自己进行初步的职业规划。

知识索引

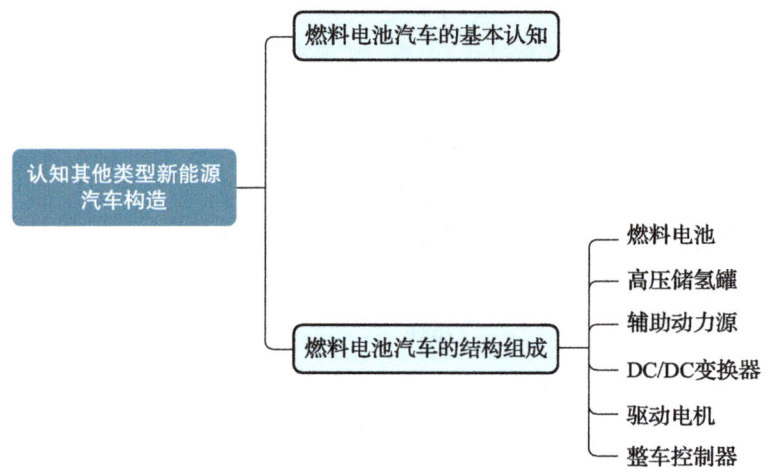

情境导入

2022年3月由国家发展改革委员会、国家能源局发布的《氢能产业发展中长期规划(2021—2035年)》中强调:到2025年,燃料电池车辆保有量约5万辆,部署建设一批加氢站,可再生能源制氢量达到10万~20万吨/年;到2030年,形成较为完备的氢能产业技术创新体系、清洁能源制氢及供应体系,产业布局合理有序,可再生能源制氢广泛应用,有力支撑碳达峰目标实现。接下来我们来学习燃料电池汽车的相关知识。

获取信息

引导问题 1

请查阅相关资料,简述燃料电池汽车的定义。

_____
_____
_____

考证指南

在交通运输部职业资格中心 2022 年 7 月发布的《新能源汽车检测维修专业能力评价标准》中,涉及对新能源汽车专业术语的考量;在 GB/T 19596—2017《电动汽车术语》中涉及燃料电池汽车术语解释。通过查看标准定义内容,掌握新能源汽车术语,通过新能源汽车检测维修专业能力评价考试,可获得由交通运输部职业资格中心颁发的《交通运输专业能力评价合格证书》。

燃料电池汽车的基本认知

燃料电池汽车(Fuel Cell Electric Vehicle,FCV)是一种用车载燃料电池装置产生的电力作为动力的汽车。

车载燃料电池装置所使用的燃料为高纯度氢气,或者是含氢燃料经重整所得到的高含氢重整气。与新能源汽车比较,其动力方面的不同在于燃料电池汽车使用的电力来自车载燃料电池装置,纯电动汽车使用的电力来自由电网充电的动力电池。因此,燃料电池汽车的关键是燃料电池。长安 CS75 FCV 燃料电池汽车如图 1-3-1 所示。

图 1-3-1 长安 CS75 FCV 燃料电池汽车

燃料电池汽车实质上是新能源汽车的一种,在车身、动力传动系统、控制系统等方面,燃料电池汽车与普通新能源汽车基本相同,主要区别在于储能电池的工作原理不同。

一般来说,燃料电池是通过电化学反应将化学能转化为电能,电化学反应所需的还原剂一般采用氢气,氧化剂则采用氧气,因此最早开发的燃料电池汽车多是直接采用氢燃料,氢气的储存可采用液化氢、压缩氢气或金属氢化物储氢等形式。图 1-3-2

和图 1-3-3 分别为雪佛兰 Equinox 燃料电池汽车和东风氢舟 e·H_2 燃料电池汽车。

图 1-3-2 雪佛兰 Equinox 燃料电池汽车　　图 1-3-3 东风氢舟 e·H_2 燃料电池汽车

> **引导问题 2**
>
> 请查阅相关资料，简述燃料电池汽车的结构组成。
> _____
> _____
> _____

燃料电池汽车的结构组成

典型燃料电池汽车主要由燃料电池、高压储氢罐、辅助动力源、DC/DC 变换器、驱动电机和整车控制器等组成，如图 1-3-4 所示。

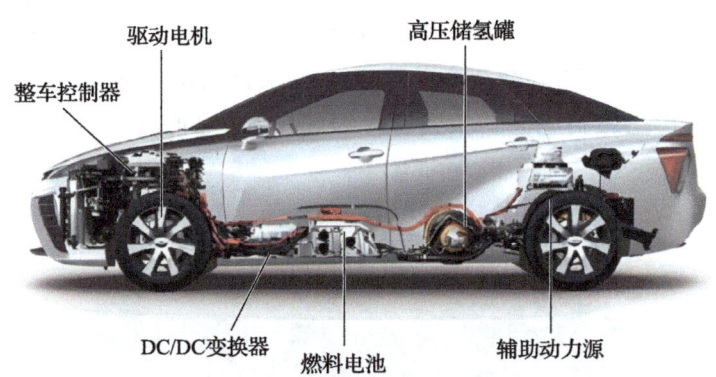

图 1-3-4 燃料电池汽车的结构图

一、燃料电池

燃料电池是燃料电池汽车的主要动力源，它是一种不燃烧燃料，而直接以电化学反应方式将燃料的化学能转变为电能的高效发电装置。燃料电池系统主要由燃料电池组、氢气供给系统、氧气供给系统、气体加湿系统、反应生成物的处理系统、冷却系统和电能转换系统等组成，只有这些辅助系统匹配恰当并且运转正常，才能保证燃料电池系统正常运转，保证电能的输出。

二、高压储氢罐

高压储氢罐是气态氢的储存装置，用于给燃料电池供应氢气。为保证燃料电池汽车一次充气有足够的续驶里程，则需要多个高压储氢罐来储存气态氢气，如图1-3-5所示。

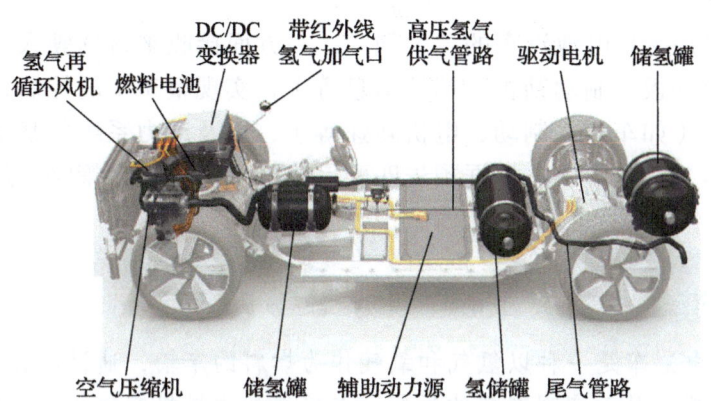

图1-3-5 奥迪h-tron quattro concept车型的氢燃料电池系统

三、辅助动力源

在燃料电池汽车上，燃料电池是主要动力源，另外还配备有辅助动力源。根据燃料电池汽车的设计方案不同，其所采用的辅助动力源也有所不同，可以用蓄电池组、飞轮储能器或超大容量电容器等共同组成双电源系统。

在具有双电源系统的燃料电池汽车上，驱动电机的电源可以出现以下几种驱动模式。

1）车辆起动时，驱动电机的电源由辅助动力源提供。

2）车辆行驶时，由燃料电池系统提供驱动所需全部电能，多余的电能储存到辅助动力源中。

3）在车辆加速和爬坡时，若燃料电池系统提供的电能不够，不能满足燃料电池新能源汽车驱动功率要求，则由辅助动力源提供额外的电能，增大驱动电机的功率或转速，满足车辆的动力要求。此时，形成燃料电池系统与辅助动力源同时供电的双电源供电模式。

4）储存制动时反馈的电能，以及向车辆的各种电子、电器设备提供所需要的电能。

四、DC/DC变换器

燃料电池汽车采用的电源有独特的特性，燃料电池仅提供直流电，电压和电流随输出电流的变化而变化。燃料电池没有接受外电源的充电，电流的方向只是单向流动。

燃料电池汽车中的DC/DC变换器的主要功能如下。

1）调节燃料电池的输出电压。

2）调节整车能量分配。

3）稳定整车直流母线电压。

五、驱动电机

燃料电池汽车驱动用的电机主要有直流电机、交流电机、永磁电机和开关磁阻电机等。电机的选型必须结合整车开发目标，综合考虑电机的特性。

六、整车控制器

整车控制器是燃料电池汽车的"大脑"，一方面接收来自驾驶人的需求信息（如点火开关、加速踏板、制动踏板、档位信息等），实现整车工况控制；另一方面基于反馈的实际工况（如车速、制动、电机转速等），以及动力系统的状况（燃料电池及动力电池的电压、电流等），根据预先匹配完成的多能源控制策略，进行能量分配调节控制。

拓展阅读

氢燃料电池车是一种以氢气和氧气作为燃料的车辆，通过电化学反应产生电能驱动电机，从而实现车辆的运行。与传统的内燃机车辆相比，氢燃料电池车具有零污染、高效率、低噪声、可持续性等优点，因此备受关注。不过，目前国内氢燃料电池车还处在尝试和探索阶段，加氢站以及氢燃料的储存和运输技术尚不成熟，氢燃料电池车暂时不具备大规模普及的条件，而且氢燃料电池车在续驶里程、加氢速度等方面也存在一定的局限性。但是随着氢能源技术的不断进步，这些问题将得到逐步解决。例如，研发更加高效的氢气储存技术、加氢站的建设和布局等，都有望提高氢燃料电池车的使用便利性和用户体验。同时，未来氢燃料电池车的功率和转矩也将得到提升，使得其在行驶性能、驾驶体验等方面更加优越。

近年来，我国高度重视并积极推动氢能技术与产业发展，在推动氢能领域关键核心技术攻关和全产业链技术创新、推动氢能多场景高效利用、引导氢能产业健康有序发展等方面加大部署力度，取得了阶段性进展。2022年4月国家发改委、国家能源局发布了《氢能产业发展中长期规划（2021—2035年）》，规划当中明确了氢的能源属性，确认氢是未来国家能源体系的重要组成部分，要充分发挥氢能清洁低碳特点，推动交通、工业等用能终端和高耗能、高排放行业绿色低碳转型。

规划提出，到2025年，我国氢能产业基本掌握核心技术和制造工艺，氢燃料电池车辆保有量达到5万辆左右，部署建设一批加氢站，可再生能源制氢量要达到10万~20万吨/年，实现二氧化碳减排100万~200万吨/年。到2030年，形成较为完备的氢能产业技术创新体系、清洁能源制氢及供应体系，有力支撑碳达峰目标的实现。到2035年，实现百万辆的氢能燃料电池汽车上路行驶，形成氢能多元应用生态，可再生能源制氢在终端能源消费中的比例明显提升。到2050年与纯电技术共同实现汽车的零排放。

我国氢能燃料电池汽车发展历程将经历以下三个阶段。

第一阶段：在 2020 年初步实现氢能燃料电池汽车的商业化应用，商业化规模达到 1 万辆，投入运营的加氢站 100 座，在北京、上海、郑州、武汉、成都、张家口、佛山等全国多个大中小不同的城市，以公共交通、仓储物流为主要的业务，开展商业化示范运行，累计运行要达到 1 亿千米。

第二阶段：到 2025 年，加快实现氢能及燃料电池汽车的推广应用，以公共服务用车的批量应用为主，基于现有的储存、运输和加注的技术，在 150 千米的辐射范围内，因地制宜地推广氢能燃料电池技术，通过优化燃料电池系统的结构，加速关键零部件的产业化，大幅度降低燃料电池系统的成本，车辆的保有量要达到 5 万~10 万辆。

第三阶段：2030 年到 2035 年，要实现氢能及燃料电池技术的大规模推广应用，大规模的氢的制取、储存、运输、应用达到一体化，加氢站的现场储氢、制氢规模的标准化和推广应用也到一定的程度，要完全掌握燃料电池核心关键技术，建立完备的燃料电池的材料、部件及系统的制备能力。

氢能作为一种来源丰富、绿色低碳、应用广泛的二次能源，被认为是可再生能源规模化高效利用的重要载体。发展氢能与燃料电池是能源交通行业低碳转型的重要选择之一。大力发展氢能和燃料电池不仅有助于交通行业早日实现"双碳"目标，还有助于加快我国能源结构调整，保障能源安全。

任务分组

学生任务分配表见表 1-3-1。

表 1-3-1 学生任务分配表

班级		组号		指导老师	
组长		学号			
组员角色分配					
信息员			学号		
操作员			学号		
记录员			学号		
安全员			学号		
任务分工					
（就组织讨论、工具准备、数据采集、数据记录、安全监督、成果展示等工作内容进行任务分工）					

 新能源汽车构造　　　姓名　　　班级　　　日期

📋 工作计划

按照前面所了解的知识内容和小组内部讨论的结果，制定工作方案，落实各项工作负责人，如任务实施前的准备工作、实施中主要操作及协助支持工作、实施过程中相关要点及数据的记录工作等，见表1-3-2。

表 1-3-2　工作计划表

步骤	工作内容	负责人
1		
2		
3		
4		
5		
6		
7		
8		

进行决策

1）各组派代表阐述资料查询结果。
2）各组就各自的查询结果进行交流，并分享技巧。
3）教师对各组的计划方案进行点评。
4）各组长对组内成员进行任务分工，教师确认分工是否合理。

🧑 任务实施

> **❓ 引导问题 3**
>
> 扫描二维码观看视频，了解其他类型新能源汽车的构造。
> _____
> _____
> _____

💬 评价反馈

1）各组代表展示汇报PPT，介绍任务的完成过程。
2）请以小组为单位，对各组的操作过程与操作结果进行自评和互评，并将结果填入综合评价表（表1-3-3）中的小组评价部分。
3）教师对学生工作过程与工作结果进行评价，并将评价结果填入综合评价表中的教师评价部分。

表 1-3-3　综合评价表

班级		组别		姓名		学号	
实训任务							
评价项目		评价标准				分值	得分
小组评价	计划决策	制定的工作方案合理可行，小组成员分工明确				10	
	任务实施	能够正确检查并设置实训工位				5	
		能够准备和规范使用工具设备				5	
		能够正确阐述燃料电池汽车的特点				20	
		能够正确阐述燃料电池汽车的构造				20	
		能够规范填写任务工单				10	
	任务达成	能按照工作方案操作，按计划完成工作任务				10	
	工作态度	认真严谨、积极主动，安全生产，文明施工				10	
	团队合作	小组组员积极配合、主动交流、协调工作				5	
	6S 管理	完成竣工检验、现场恢复				5	
		小计				100	
教师评价	实训纪律	不出现无故迟到、早退、旷课现象，不违反课堂纪律				10	
	方案实施	严格按照工作方案完成任务实施				20	
	团队协作	任务实施过程互相配合，协作度高				20	
	工作质量	能准确完成本节的实训任务				20	
	工作规范	操作规范，三不落地，无意外事故发生				10	
	汇报展示	能准确表达、总结到位、改进措施可行				20	
		小计				100	
综合评分		小组评价分 ×50% + 教师评价分 ×50%					
总结与反思							

（如：学习过程中遇到什么问题→如何解决的 / 解决不了的原因→心得体会）

新能源汽车构造

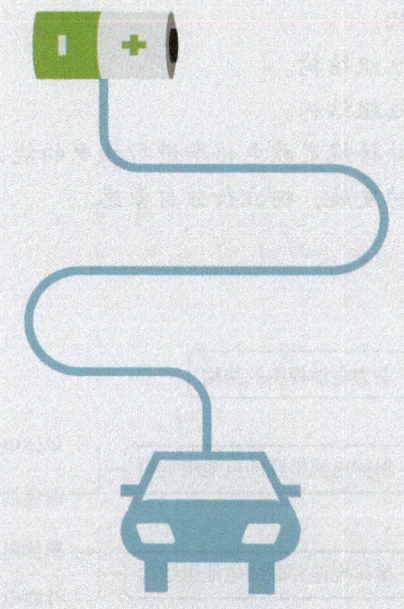

能力模块二
掌握动力电池及管理系统构造与拆装方法

任务一 拆装动力电池模组

学习目标

- 掌握动力电池模组的结构。
- 掌握单体电池串联的电池组结构。
- 掌握单体电池并联的电池组结构。
- 具备制作简易电池模组并按规定放电倍率进行放电的能力。
- 了解我国动力电池产业的发展，树立行业自豪感。

知识索引

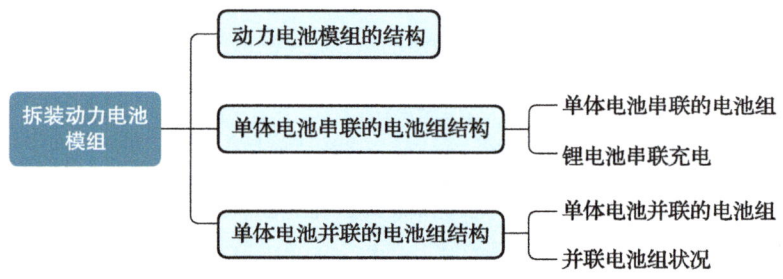

情境导入

纯电动汽车的动力电池并不是一整块独立的电池，而是多个单体电池经过串并联组成的电池模组，进而组成电池包。电池模组有着怎样的结构？它是如何按照规定的放电倍率进行放电的？本节课我们将学习动力电池模组的相关知识。

获取信息

引导问题 1

一个完整的动力电池模组的结构有哪些呢？请简述出来。

_____

_____

| 姓名 | 班级 | 日期 | 能力模块二　掌握动力电池及管理系统构造与拆装方法 |

考证指南

在交通运输部职业资格中心 2022 年 7 月发布的《新能源汽车检测维修专业能力评价标准》中，就涉及对动力电池组装的规范，要求将多节单体电池按照一定的规格、形状进行封装。可以查看新能源汽车行业标准 JB/T 11137—2011、JB/T 11139—2011、JB/T 11140—2011，了解锂离子动力电池总成模块规范。通过新能源汽车检测维修专业能力评价考试，可获得由交通运输部职业资格中心颁发的《交通运输专业能力评价合格证书》。

动力电池模组的结构

单体锂电池的电压不能支持整车的高压组件工作，因此有必要将多个单体串联，组成一个高电压的电池 PACK（一般指的是组合电池，主要是锂电池组的加工组装，将电芯、电池保护板、电池连接片、标签等通过电池 PACK 工艺加工而成的电池产品）。而车辆有一定的续驶里程要求，因此电池 PACK 也要达到一定的容量才能满足需求，需要对电池单体进行并联扩容。一般连接各单体的方式有串联、先串联后并联或先并联后串联。如 2020 款比亚迪秦 EV 就是通过 112 个 130A·h 的三元锂电池先串联而成电池包，此电池包内部又是由 12 个电池模组再并联组成的，此类成组方式是 1P112S，即"1 并 112 串"。一个完整的动力电池模组结构如下所述。

1）单体电池：将化学能与电能进行相互转换的基本单元装置，通常包括电极、隔膜、电解质、外壳和端子，并被设计成可充电，也称作电芯。

2）电池模块：将一个以上单体电池按照串联、并联或串并联方式组合，并作为电源使用的组合体。也称作电池组。

3）动力电池箱：用于盛装电池组、电池管理系统（BMS）以及相应的辅助元器件，并包含机械连接、电气连接、防护等功能的总成，简称电池箱。

4）电池包：通常包括电池组、电池管理系统（BMS）、电池箱及相应附件（冷却组件、连接线缆等），从外部获得电能并可对外输出电能的单元。

5）电池管理系统（BMS）：监视电池的状态（温度、电压、荷电状态等），可以为电池提供通信、安全、电芯均衡及管理控制，并提供与应用设备通信接口的系统。

6）电池系统：一个或一个以上动力电池，以及相应附件（管理系统、高压电路、低压电路、热管理设备及机械总成等）构成的能量存储装置。

引导问题 2

请查阅相关资料，简述单体电池串联成电池组之后，哪些参数会出现变化。

单体电池串联的电池组结构

一、单体电池串联的电池组

新能源汽车的驱动电机、压缩机、PTC 水加热器、DC/DC 变换器等高压组件的工作电压高达 340V 以上，而单体电池的电压只有 3.2V（如磷酸铁锂电池为 3.2V、三元锂电池为 3.65V 或 3.70V、钛酸锂电池为 2.6V、氢燃料电堆 0.5~1V），因此在实际使用过程中，需要将单体电池串联以提高电池组的工作电压。

单体电池串联，电池组的电压升高、电池的容量不变，但同时电池组的内阻会增加。电池组的电流就是流过每个单体电池的电流，当电池组中的某一节电池出现故障时，电池组不能输出电压，如图 2-1-1 所示。

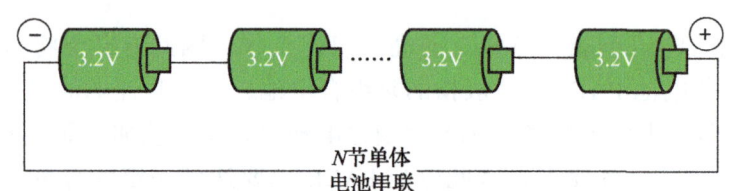

图 2-1-1　单体电池的串联

由于锂电池存在一致性的问题，同一体系（如三元锂电池或磷酸铁锂电池）的单体电池若要串联成组，必须先筛选电压、内阻、容量一致的单体电池进行配组。

二、锂电池串联充电

锂电池组的充电一般都采用串联充电，主要因为串联充电方法结构简单、成本低、较容易实现。但由于单体锂电池之间存在容量、内阻、衰减特性、自放电等性能方面的差异，在对锂电池组串联充电时，电池组中容量最小的那节单体锂电池将最先充满电，而此时，其他电池还没有充满电，如果继续串联充电，则已充满电的单体锂电池就可能会被过充电。锂电池过充电会严重损害电池的性能，甚至可能会导致爆炸，造成人员伤害。因此，为了防止出现单体锂电池过充电，锂电池组在使用时，必须搭配电池管理系统（BMS），通过电池管理系统（BMS）对每一节单体锂电池进行过充电等保护。

串联充电时，如果有一节单体锂电池的电压达到过充电保护电压，电池管理系统（BMS）会控制电池采集器做被动均衡，将电压高的单体通过串联电阻进行放电均衡，防止性能稍差的单体过充电。当电池组将所有的单体电压达到充电截止时，切断充电电路，停止充电。

> **引导问题 3**
>
> 请查阅相关资料，简述单体电池并联成电池组之后，哪些参数会出现变化。
>
> _____
>
> _____
>
> _____

单体电池并联的电池组结构

一、单体电池并联的电池组

新能源汽车要满足一定的续驶里程要求时,主机厂会关注价格、安全性、车身自重、风阻系数等因素,还必须考虑到上游的电池供应商提供的稳定、安全的单体电池的容量,有可能并不满足当前车型的续驶里程要求的问题。

出于对这些因素的考量,主机厂将单体电池先并联增加电池的容量,并联后的电池组的电压不变,但电池的容量增加(图2-1-2)。然后,再串联提高电池工作电压来满足车辆的续驶里程要求(图2-1-3)。因此先并联后串联的动力电池会获得更大的电池容量以及更高的放电倍率。

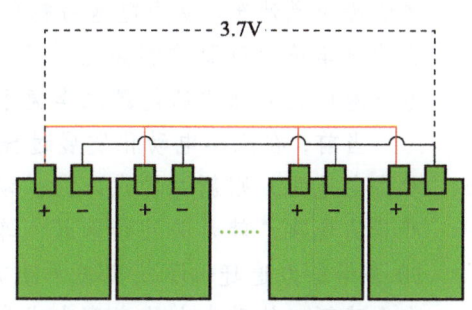

图 2-1-2 单体电池的并联

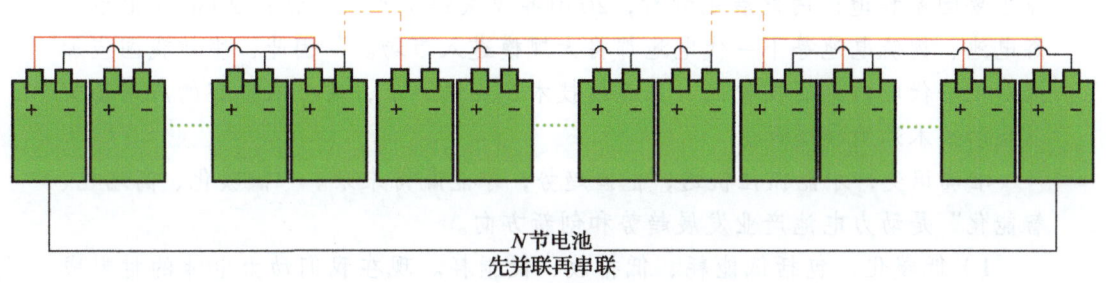

图 2-1-3 单体电池先并联再串联

二、并联电池组状况

单体锂电池并联后出现以下状况。

1)内阻小的单体电池会向内阻大的单体电池放电,通常新单体电池或容量高的单体电池的内阻相对小一些。

2)放电时,内阻小的单体电池会先放电,待单体电池电压比较一致时才一起放电。

3)不要将不同品牌锂电池、不同容量或新旧锂电池混在一起使用,必须选择性能一致的单体电池。锂电池串并联使用时需要进行锂电池芯配对,配对的标准:锂电池芯电压差≤30mV,锂电池芯内阻差≤5mΩ,锂电池芯容量差≤20mA。

锂电池并联和串联的区别主要就是在电压和容量上有差别,无论是串联还是并联,锂电池组的输出功率都会增加。串联时电压会增加而容量不变,并联时容量会增加而电压不变。

拓展阅读

扩大内需，产品必须适应市场需求；汽车强国，离不开产业配套。作为核心零部件之一，动力电池堪称新能源汽车的"心脏"，其重要性远胜于发动机之于传统燃油车。动力电池占据整车成本近40%，两倍于传统燃油车动力系统，成为汽车价值链重构制高点。可以说，在"双碳"目标驱动的产业变革中，动力电池已成为强化新能源汽车竞争水平，打造汽车产业竞争力的关键。

当前，在汽车电动化发展过程中，动力电池技术创新起到了主体推动作用。动力电池强，则新能源汽车强；动力电池弱，则新能源汽车弱。关注动力电池产业的现在，就是关注新能源汽车产业发展的未来。中国动力电池产业，经过10多年奋力追赶，不仅突破了欧美技术专利封锁，而且打破了日韩市场垄断，在全球新一轮动力电池竞赛中成为领跑者。

打开世界动力电池产业地图，格局清晰可见：中日韩稳居第一阵营；以宁德时代麒麟电池、比亚迪刀片电池、特斯拉4680电池为代表的创新产品各领风骚；但钠离子电池、半固态电池等全新技术仍不具备大规模量产条件。从全球主要国家和地区的发展规划看，2030年是关键节点。"预计2030年前后固态电池、锂硫电池等下一代电池都将大规模进入市场。"因此，当前我国应加大对下一代电池的研发投入，完善新技术产业链环节，并寻求适宜的应用场景以推动技术落地和迭代。

准确识变，才能抓住机遇；把握趋势，才能赢得未来。"低碳化、高端化、智能化"是动力电池产业发展趋势和创新方向。

1) 低碳化，包括低能耗、低排放、低损耗。现在我们动力电池的材料成本占到了75%以上。比如，石墨负极每吨材料电费占比接近60%。如何解决这个问题？关键材料制备低碳化可以抓住动力电池材料回收环节，降低成本、排放和能耗，通过物理回收可以使其碳排放降低一半以上，结合绿电（通过零二氧化碳排放或趋近于零二氧化碳排放的生产过程得到的电力）则可以使整个过程实现近零碳排放。

2) 高端化，包括高品质、高安全、高技术。过去10多年，中国电池创新突破，已实现成本大幅度下降、竞争力大幅度提升。但是，安全事故亦时有发生，这说明产业还面临着安全方面的挑战。从现在的结构创新，到材料体系创新，这是动力电池发展的必然趋势。当前，全世界正在兴起新一轮电池材料体系创新突破的大竞争。2025年之前，现有锂电池有望实现350W·h/kg的能量密度；2030年之前，逐步从液态向固态过渡，实现400W·h/kg的能量密度；2035年之前，实现500W·h/kg能量密度的新体系电池产业化等。

3) 智能化，包括智能设计、智能制造、智能控制。首先就是智能设计，从实验试错，到仿真驱动，再到智能化全自动，已经历三个发展阶段，这种方式可以大幅度降低成本，节省70%~80%的研发费用，中间的核心技术就是高精度的建模技术和高效率的寻优算法；其次是智能制造，电池制造是一种极致制造，不能引入任何杂质，否则就有安全隐患，为此，必须采用智能化，从数字化生产工艺仿真到数字化生产车间，再到工业互联网，对生产过程要达到3000个以上的质量监控参数；再次就是智能控制，电池专家指出"对于温度、气体、压力，现在我们只能管理，在充电时才能控制。"下一步要把传感器放到电池里，进行全方位控制。在软件方面，则要引入人工智能。总之，中国动力电池行业也要实现从材料选择到电池设计、制造、使用、回收的全链条智能化。

先进制造是动力电池产业未来发展基础，而做大、做强先进制造水平，科技创新则是第一驱动力。

任务分组

学生任务分配表见表 2-1-1。

表 2-1-1　学生任务分配表

班级		组号		指导老师	
组长		学号			
组员角色分配					
信息员		学号			
操作员		学号			
记录员		学号			
安全员		学号			
任务分工					
（就组织讨论、工具准备、数据采集、数据记录、安全监督、成果展示等工作内容进行任务分工）					

工作计划

按照前面所了解的知识内容和小组内部讨论的结果，制定工作方案，落实各项工作负责人，如任务实施前的准备工作、实施中主要操作及协助支持工作、实施过程中相关要点及数据的记录工作等，见表 2-1-2。

表 2-1-2 工作计划表

步骤	工作内容	负责人
1		
2		
3		
4		
5		
6		
7		
8		

进行决策

1）各组派代表阐述资料查询结果。
2）各组就各自的查询结果进行交流，并分享技巧。
3）教师对各组的计划方案进行点评。
4）各组长对组内成员进行任务分工，教师确认分工是否合理。

任务实施

引导问题 4

扫描二维码观看视频，了解简易电池模组 0.5C 放电操作，简述操作要点。

简易电池模组
0.5C 放电操作

_____

_____

参考操作视频，按照规范作业要求完成相应的操作步骤，完成数据采集并记录，见表 2-1-3、表 2-1-4。

表 2-1-3 实训准备

实训准备			
序号	设备及工具名称	数量	设备及工具是否完好
1	磷酸铁锂电池	24 块	□是 □否
2	熔断器	1 个	□是 □否
3	万用表	1 台	□是 □否
4	人员防护套装	1 套	□是 □否
5	绝缘测试仪	1 台	□是 □否
6	一体化工量具	1 套	□是 □否
质检意见	原因：		□是 □否

表 2-1-4 简易电池模组的制作与放电操作

序号	步骤	记录	完成情况
1	**实训准备** （1）在实训开始前请穿戴好个人防护用品 （2）准备好实训所需设备及工具 （3）检查确认耐磨手套、绝缘手套、护目镜、安全帽正常 （4）校验万用表与绝缘检测仪		□已完成 □未完成
2	**简易电池模组制作** （1）检查单体电池外观有无破损 （2）测量单体电池电压是否正常 （3）使用铜片将 12 节单体电池以正负极首尾相连的方式进行组装，将 24 节检查完毕的单体电池组装成两个电池模组 （4）使用熔断器将两个模组串联起来，简易电池模组制作完成		□已完成 □未完成
3	**简易电池模组 0.5C 放电操作** （1）将规格为 $2.5mm^2$ 的线束分别连接在电池包的总正和总负 （2）按要求连接负载，已知总电压为 76.8V，电池容量为 $20A \cdot h$，放电电路要求为 0.5C，即 10A 的放电电流，所以只需选取 7.68Ω 的负载即可 （3）电路连接完成，接通保护开关。测得电流为 9.3A，简易电池模组放电操作完成		□已完成 □未完成
4	实训现场整理		□已完成 □未完成
总结提升			□已完成 □未完成
质检意见	原因：		□已完成 □未完成

评价反馈

1）各组代表展示汇报 PPT，介绍任务的完成过程。

2）请以小组为单位，对各组的操作过程与操作结果进行自评和互评，并将结果填入综合评价表（表 2-1-5）中的小组评价部分。

3）教师对学生工作过程与工作结果进行评价，并将评价结果填入综合评价表中的教师评价部分。

表 2-1-5 综合评价表

班级			组别		姓名		学号	
实训任务								
评价项目			评价标准				分值	得分
小组评价		计划决策	制定的工作方案合理可行，小组成员分工明确				10	
		任务实施	能够正确检查并设置实训工位				5	
			能够准备和规范使用工具设备				5	
			能够正确完成检查放电操作前的准备工作				20	
			能够正确完成简易电池模组 0.5C 放电操作				20	
			能够规范填写任务工单				10	
		任务达成	能按照工作方案操作，按计划完成工作任务				10	
		工作态度	认真严谨、积极主动，安全生产，文明施工				10	
		团队合作	小组组员积极配合、主动交流、协调工作				5	
		6S 管理	完成竣工检验、现场恢复				5	
			小计				100	
教师评价		实训纪律	不出现无故迟到、早退、旷课现象，不违反课堂纪律				10	
		方案实施	严格按照工作方案完成任务实施				20	
		团队协作	任务实施过程互相配合，协作度高				20	
		工作质量	能准确完成本节的实训任务				20	
		工作规范	操作规范，三不落地，无意外事故发生				10	
		汇报展示	能准确表达、总结到位、改进措施可行				20	
			小计				100	
综合评分			小组评价分 ×50% + 教师评价分 ×50%					
总结与反思								

（如：学习过程中遇到什么问题→如何解决的/解决不了的原因→心得体会）

任务二　拆装电池管理系统

学习目标

- 掌握动力电池管理系统的结构。
- 掌握动力电池管理系统的工作原理。
- 掌握动力电池管理系统的分类。
- 具备辨识比亚迪海豚车型动力电池总成位置与结构的能力。
- 了解动力电池管理系统行业的发展特征,明确技术的重要性,立志成为国家和行业所需的高素质技术技能人才。

知识索引

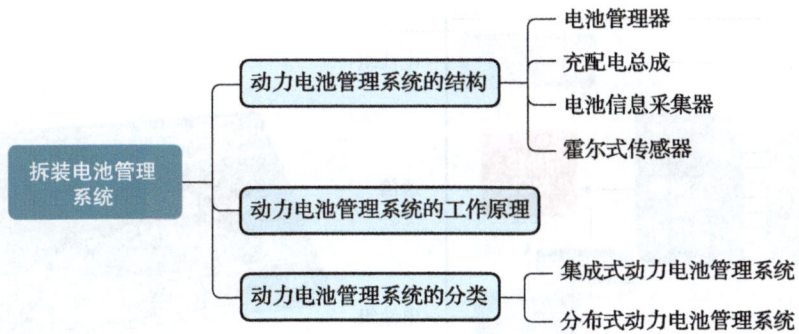

情境导入

在某主机厂的面试中,面试官询问你是否了解电池管理系统(Battery Management System,BMS)的结构与工作原理,你应该如何回答他呢?

获取信息

引导问题 1

请查阅资料,简述动力电池管理系统的结构。

> **考证指南**
>
> 在交通运输部职业资格中心2022年7月发布的《新能源汽车检测维修专业能力评价标准》中，明确规范电池管理系统BMS术语以及新能源汽车动力电池及管理系统检测与维修技术考核范围，查阅相关电池管理系统的结构组成利于从业者快速掌握电池管理系统检测维修技能，通过新能源汽车检测维修专业能力评价考试，可以获得由交通运输部职业资格中心颁发的《交通运输专业能力评价合格证书》。

动力电池管理系统的结构

动力电池管理系统（BMS）包括硬件和软件两个部分，硬件由一个或多个电子控制器组成，包含电池管理器（BMC）、绝缘模块、电池信息采集器（BIC）、接触器、霍尔式传感器/分流器、熔断器、手动维修开关（MSD）预充电阻等电子元件。

软件分别对主控模块和测量模块的各功能单元编写软件程序，而后连接起来构成整个系统程序，如图2-2-1所示。

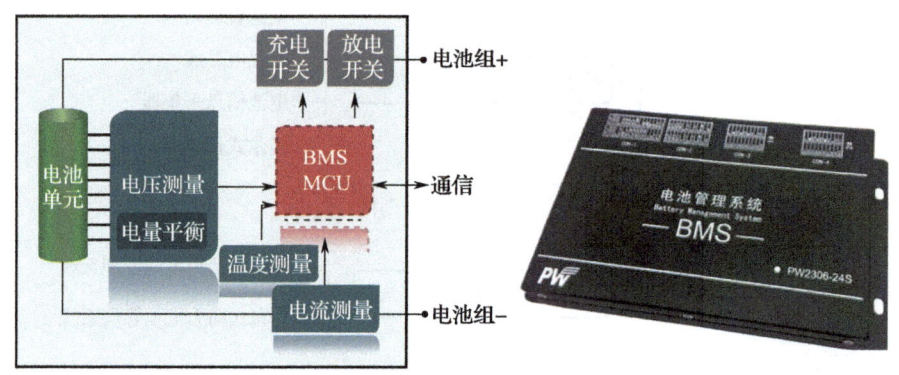

图2-2-1 电池管理系统

一、电池管理器

电池管理器（BMC）是一个连接外部通信和内部通信的平台，如图2-2-2所示。

电池管理器（BMC）的主要功能如下。

1）实时接收电池信息采集器采集的单体电压、温度、均衡等信息。

2）接收绝缘模块反馈高压系统绝缘状态和电流情况。

3）电池管理系统和网关控制器与整车进行通信。

4）电池管理系统与直流充电桩进行通信。

图2-2-2 电池管理器

5）电池管理器控制接触器吸合或断开、控制充/放电电流和电池热管理情况。
6）唤醒电池管理系统的应答。
7）对电池组进行电池荷电状态（SOC）和电池健康状态（SOH）的估算。

二、充配电总成

充配电总成由车载充电器（OBC）、DC/DC 变换器以及高压配电箱（PDU）组成。其中高压配电箱主要为 DC/DC 电源变换器、电动压缩机和 PTC 加热器分配高压电源。配电箱内安装有直流充电正极、负极接触器，接触器烧结检测模块及漏电检测模块。如图 2-2-3 所示。

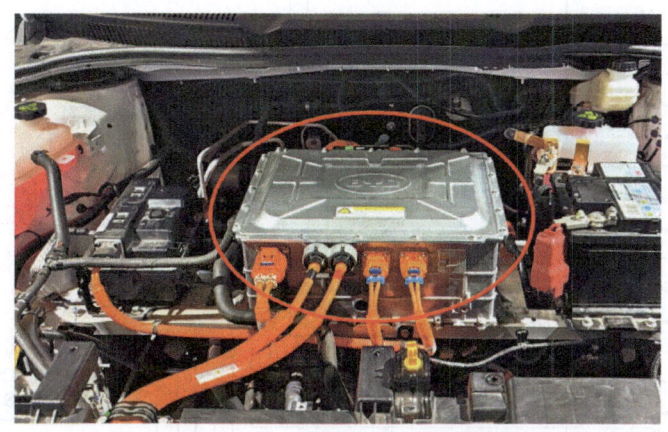

图 2-2-3　秦 EV 充配电总成

漏电检测模块主要监控动力电池高压母线正极端或负极端与车身地之间的绝缘电阻值。若漏电检测模块检测到高压组件的绝缘电阻值低于 500Ω/V 时，绝缘检测模块通过动力 CAN 向电池管理器（BMC）发送一个绝缘故障，电池管理器（BMC）会做出限制功率或断开接触器的控制策略，保障车辆安全、平稳运行。

三、电池信息采集器

电池信息采集器（BIC）如图 2-2-4 所示。

它的主要作用是电池电压采样、温度采样、电池均衡、采样线异常检测等，然后将采集到的数据通过电池子网反馈给电池管理器（BMC）。

电池电压采样：电池单体通过串联的方式依次叠加，采样芯片的采样通道也按照次第的顺序往上叠加，对于电池单体采样通道上的滤波电路，目前基本上所有的采样芯片都是 100Ω 的串阻，然后加上一个滤波电容，通过经典的 RC 滤波电路来实现的。电池电压采样图如图 2-2-5 所示。

图 2-2-4　秦 EV 电池信息采集器

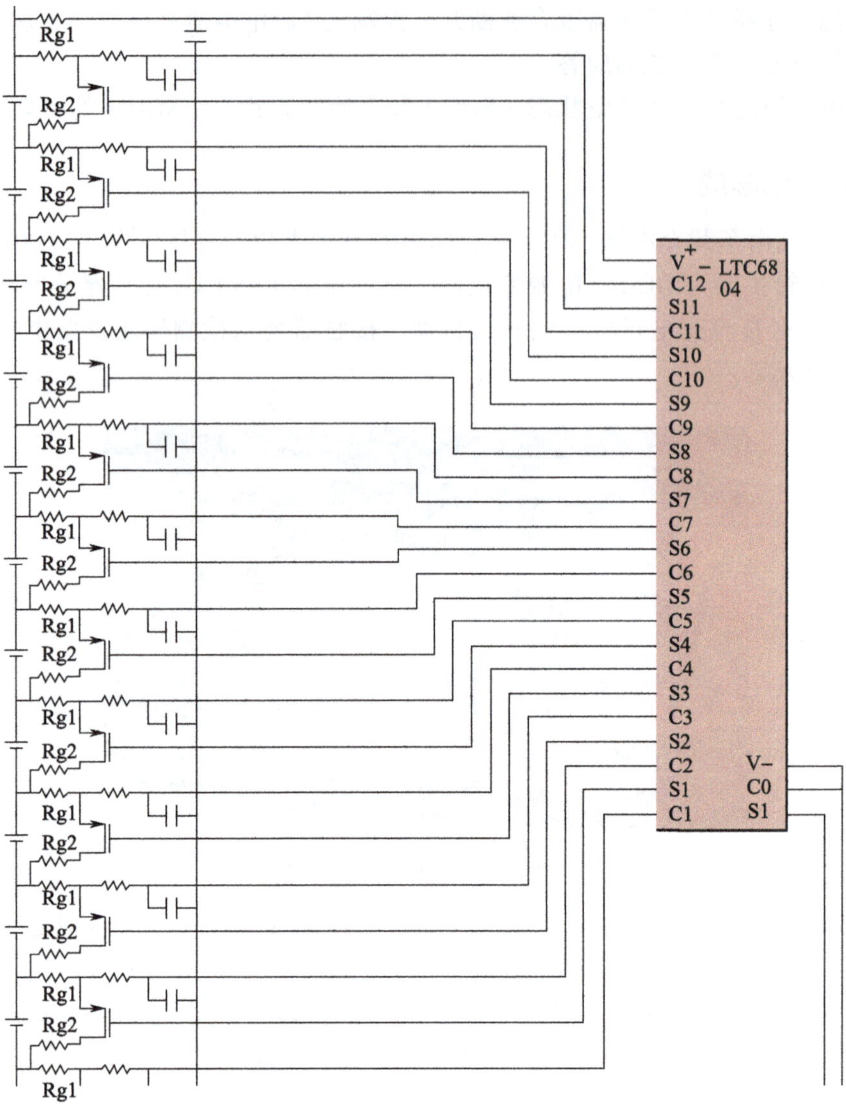

图 2-2-5　电池电压采样图

目前市面上绝大多数方块电池，电池的采样线先是从芯片的极柱通过如柔性电路板（FPC，如软排铜线）连接到电池模组的插接件，然后线束再通过这个插接件连接到电池管理器（BMC）上，图 2-2-6 所示为秦 EV 电池 FPC 采样电压、温度。

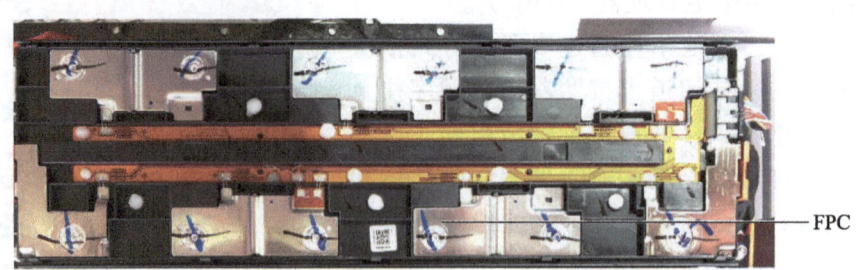

图 2-2-6　秦 EV 电池 FPC 采样电压、温度

实际上从电池连接到电池采样芯片（AFE）是经过了两段线束，一段就是柔性电路板（FPC）上的线路，另外一段就是电池采集器连接到电池管理器（BMC）上的通信线束，图 2-2-7 所示为电池电压采样示意图。

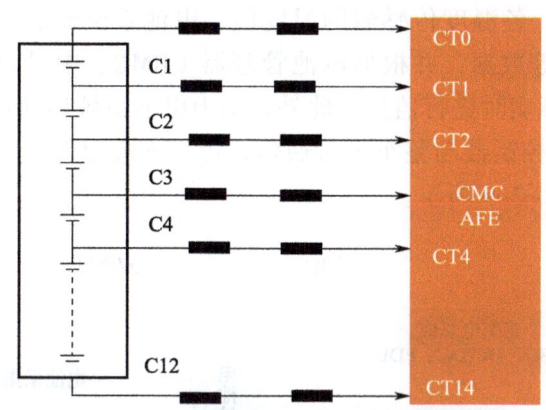

图 2-2-7　电池电压采样示意图

四、霍尔式传感器

霍尔式传感器最初使用在日系混合动力汽车中，现在已经用于智能分流器完成电压和电流的采样，通过串行总线传输，甚至可以实现电池荷电状态（SOC）的估算。霍尔式电流传感器安装在高压母线上，如图 2-2-8 所示。同时，霍尔式传感器在参数测量过程中，能实现主电路回路和单片机系统的隔离，安全性更高。

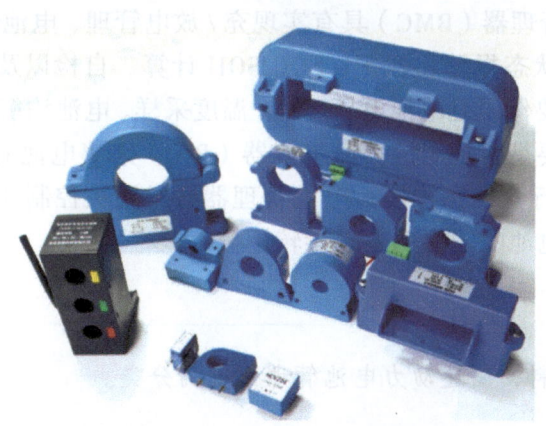

图 2-2-8　霍尔式电流传感器

引导问题 2

请查阅资料，简述动力电池管理系统的工作原理。

动力电池管理系统的工作原理

动力电池模组位于密封、屏蔽的动力电池箱内部,通过可靠的高低压插接件与整车的用电设备和控制系统进行连接。电池系统内的电池信息采集器(BIC)可实时采集各单体电池的电压值、各温度传感器的温度值、电池系统的总电压值和总电流值、电池系统的绝缘电阻值等数据,并根据电池管理器(BMC)中设定的阈值来判定电池工作是否正常,并对故障实时进行监控。此外,动力电池系统还通过电池管理器(BMC)使用 CAN 总线在网关控制器与整车进行通信,进行充放电等综合管理。动力电池管理系统的工作原理如图 2-2-9 所示。

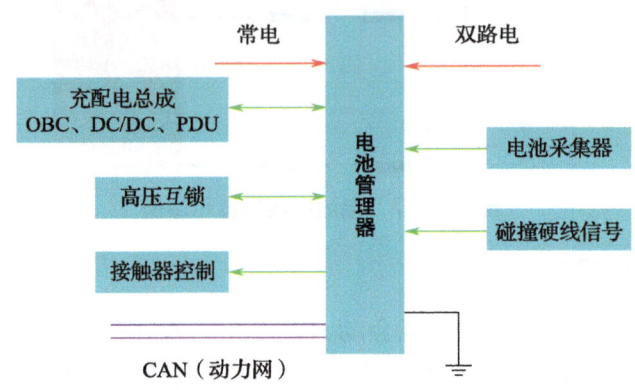

图 2-2-9　秦 EV 动力电池管理系统的工作原理

动力电池的电池管理器(BMC)具有实现充/放电管理、电池热管理、接触器控制、功率控制、电池异常状态报警和保护、SOC/SOH 计算、自检以及通信等功能。电池信息采集器(BIC)的主要作用是电池电压采样、温度采样、电池均衡、采样线异常检测等。

电池管理系统主要是通过电池信息采集器(BIC)采集电池的温度、电压等信息,传输给电池管理器进行管理和控制,电池管理器通过网关控制器与各模块进行通信。电机控制器根据动力电池的输出功率进行转矩控制。

引导问题 3

请查阅相关资料,简述动力电池管理系统的分类。

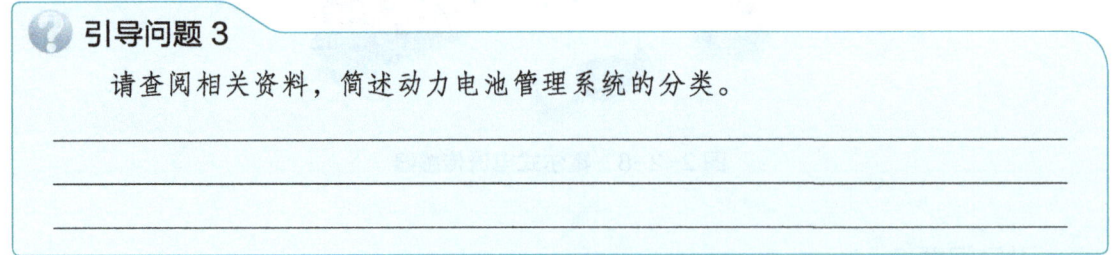

动力电池管理系统的分类

根据其结构的不同,动力电池管理系统(BMS)分为集成式和分布式两种。就应用市场结构来看,目前使用集成式动力电池管理系统的占比更高,达到 55% 以上。而分布式动力电池管理系统的可复制性较高,能够满足不同领域应用需求,将成为行业发展的主要方向。

接下来,学习集成式动力电池管理系统与分布式动力电池管理系统的结构差异及优缺点。

一、集成式动力电池管理系统

集成式动力电池管理系统在电芯成组过程中将主控板与电池的检测板,甚至是绝缘检测模块都安装在一处,内部以电线连接成为一个整体,其结构框图如图 2-2-10 所示。

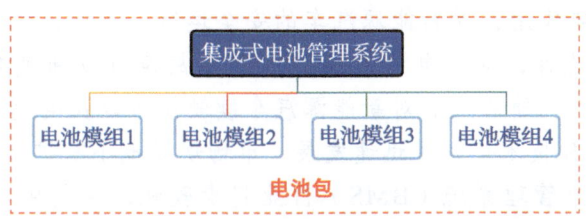

图 2-2-10　集成式动力电池管理系统结构框图

集成式动力电池管理系统可最大限度减少硬件的数量,具有结构简单、开发成本低、算法应用相对简单的优点。

它的缺点是由于集成式动力电池管理系统增加了电池组中电线的数量,同时,仅使用一块主控板管理整车的动力电池,将会导致接线比较复杂,且只能对电池组的信息进行采集,不能对每块电池都进行管理,安全性相对较弱。

二、分布式动力电池管理系统

分布式动力电池管理系统有一个主控制器位于中央位置,还有多路分开的电路板监控检测电芯的情况,其结构框图如图 2-2-11 所示。

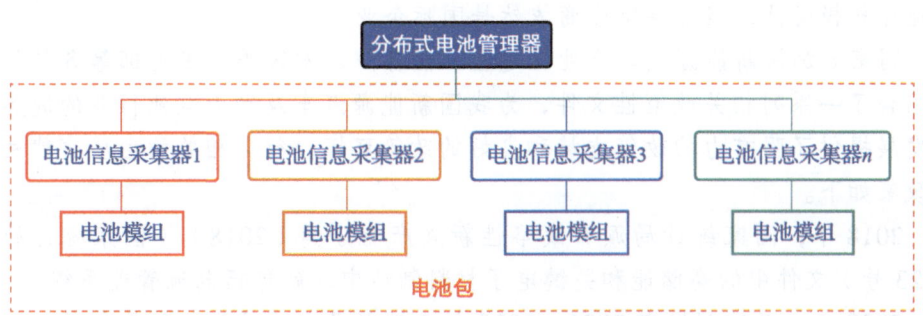

图 2-2-11　分布式动力电池管理系统结构框图

分布式动力电池管理系统的优点是各信息采集器之间通过 CAN 网络进行通信,可以减少电线的使用,每个模组上的柔性电路板(PCB)对电池的电压、温度进行采集,同时也可进行被动均衡。每个柔性电路板(PCB)最大可采集 12~16 个电芯,分布式动力电池管理系统对电池系统有更好的管控功能,因此被广泛运用。它的缺点是比集成式动力电池管理系统增加了较多的硬件,成本相对较高。

拓展阅读

中国汽车电池管理系统（BMS）行业发展特征及政策规划

作为国家重点培育的七大战略性新兴产业之一，我国新能源汽车产业爆发式增长，已经成为全球产销第一大市场。新能源汽车市场的快速扩张给电池管理系统（BMS）产业带来了重大机遇。作为电池系统的核心组成部分，BMS具有实时监控电池状态信息、分析电池安全性能、优化电池能量控制和延长电池使用寿命等重要作用，对新能源汽车的安全运行、充电模式以及行驶成本都有很大影响。据统计，动力电池系统70%的事故是可以通过有效的电池管理系统减少或避免的。随着人们对新能源汽车续驶能力以及电池安全性的重视程度不断提高，BMS技术得到了迅速发展，市场规模也不断扩大。

由于中国电池管理系统（BMS）行业起步较晚，目前中国电池管理系统（BMS）行业的发展特征主要有研发技术门槛高、市场成熟、电池管理系统（BMS）芯片依赖进口等。

1. 技术门槛高，电池管理系统（BMS）作为新兴技术，其研发不仅需要投入大量的时间、金钱，也需要长期的积累、沉淀，优质的BMS芯片也需要厂商进行大量的实践才能够产出。目前中国BMS厂家良莠不齐，各厂家应提高自身能力，积极合作。

2. 市场成熟，中国是世界最大的电动车市场，电池管理系统（BMS）产业链相对完善，加之电池在新能源汽车领域的快速发展，电池市场需求增长迅猛，电池管理系统（BMS）市场较其他国家更加成熟。

3. 依赖进口，中国的BMS芯片主要来自进口。由于技术困难等原因，一些芯片如AE、车规级ADC等几乎没有中国厂商在制造，ICT等芯片虽有部分企业在积极尝试，但主要供应商依然是国际企业。

国家为加快新能源汽车产业化进程，国务院、发改委、工信部等各部门相继出台了一系列相关政策性文件，为我国新能源汽车及动力电池行业的健康快速发展提供了强有力的政策支持和良好的政策环境，行业相关的主要法律法规及政策如下。

2018年，国家统计局颁布战略性新兴产业分类（2018）（国家统计局令第23号）文件中的高储能和关键电子材料制造中，就包括电池管理系统。

2020年，工信部发布2021—2023年基础电子元器件产业发展行动计划，提出重点产品高端提升行动包括重点发展高性能、多功能、高密度混合集成电路专档，重点市场应用推广行动包括瞄准智能手机、穿戴式设备、无人机、VRAR设备、环境监测设备等智能终端市场，推动高端锂电等片式化、微型化、轻型化、柔性化、高性能的电子元器件应用。

2020年，国务院颁发关于印发新能源汽车产业发展规划（2021—2035年）的通知，提出以动力电池与管理系统、驱动电机与电力电子、网联化与智能化技术为"三横",构建关键零部件技术供给体系产业结构。

在加快新能源汽车相关行业快速发展进程的同时,我们必须清楚地看到,技术的发展才是行业发展的基础,而稳定、高效、平安、牢靠的产品就是技术的体现。

任务分组

学生任务分配表见表 2-2-1。

表 2-2-1　学生任务分配表

班级		组号		指导老师	
组长		学号			
组员角色分配					
信息员		学号			
操作员		学号			
记录员		学号			
安全员		学号			
任务分工					
(就组织讨论、工具准备、数据采集、数据记录、安全监督、成果展示等工作内容进行任务分工)					

工作计划

按照前面所了解的知识内容和小组内部讨论的结果,制定工作方案,落实各项工作负责人,如任务实施前的准备工作、实施中主要操作及协助支持工作、实施过程中相关要点及数据的记录工作等,见表 2-2-2。

表 2-2-2　工作计划表

步骤	工作内容	负责人
1		
2		
3		

（续）

步骤	工作内容	负责人
4		
5		
6		
7		
8		

进行决策

1）各组派代表阐述资料查询结果。
2）各组就各自的查询结果进行交流，并分享技巧。
3）教师对各组的计划方案进行点评。
4）各组长对组内成员进行任务分工，教师确认分工是否合理。

任务实施

引导问题 4

扫描二维码观看视频，了解秦 EV 的电池管理系统检测过程，并简述操作要点。

_____

_____

电池管理系统检测
（秦 EV）

参考操作视频，按照规范作业要求完成相应的操作步骤，完成数据采集并记录。如表 2-2-3、表 2-2-4 所示。

表 2-2-3 实训准备

实训准备			
序号	设备及工具名称	数量	设备及工具是否完好
1	比亚迪海豚	1 辆	□是 □否
2	万用表	1 台	□是 □否
3	绝缘胶带	1 卷	□是 □否
4	冷却液回收与加注机	1 台	□是 □否
5	一体化集成工量具	1 套	□是 □否
6	车内四件套	1 套	□是 □否
7	车外三件套	1 套	□是 □否
8	三层工具车	1 辆	□是 □否

（续）

序号	设备及工具名称	数量	设备及工具是否完好
9	安全防护套装	1套	□是 □否
10	警示牌	1套	□是 □否
11	灭火器	1套	□是 □否
12	冷却液	2瓶	□是 □否
13	冷却液回收盘	1个	□是 □否
14	电池举升平台	1个	□是 □否
15	龙门举升机（4t）	1台	□是 □否
质检意见	原因：		□是 □否

表 2-2-4　比亚迪海豚动力电池总成的位置与结构认知

比亚迪海豚动力电池总成的位置与结构认知			
序号	步骤	记录	完成情况
1	维修准备工作 （1）检查耐磨手套有无明显破损，如有破损，需进行更换 （2）检查万用表外观有无破损 （3）检查红黑表笔外观有无破损 （4）连接万用表红黑表笔并调至电阻档，对万用表校表 （5）检查绝缘手套，护目镜，绝缘帽有无破损		□已完成 □未完成
2	动力电池总成拆装前准备 （1）将车辆正确停放至举升机位置 （2）打开车门 （3）规范铺设车内四件套 （4）进入车内，踩下制动踏板，按下起动开关 （5）按下驾驶位车窗按钮，降下驾驶位车窗，以防车辆意外断电造成车门误锁 （6）拉前舱盖开关，打开前舱盖 （7）规范铺设车外三件套		□已完成 □未完成
3	认知主驾和前排乘客座椅总成并将其调节至最前端位置		□已完成 □未完成
4	认识低压蓄电池负极的位置与结构 戴上耐磨手套，取出棘轮扳手、10号套筒拆卸低压蓄电池负极，并使用绝缘胶带缠绕负极接头		□已完成 □未完成
5	认识高压母线互锁开关的位置与功能 规范佩戴绝缘手套与护目镜，使用绝缘一字螺丝刀松开高压母线互锁开关并拔下		□已完成 □未完成
6	使用万用表电压档对高压母线插接头进行验电。测得结果接近0V，正常		□已完成 □未完成

（续）

序号	步骤	记录	完成情况
7	使用绝缘胶带缠绕高压母线插接件		□已完成 □未完成
8	认识新能源汽车空调系统的位置，使用制冷剂回收加注机回收制冷剂		□已完成 □未完成
9	认识前副车架挡泥板总成并拆卸		□已完成 □未完成
10	认识前舱线束插接件并将其断开		□已完成 □未完成
11	了解举升机的操作流程与作业规范 正确使用举升机把车辆举升到合适的高度（带上绝缘帽和护目镜）		□已完成 □未完成
12	认识压缩机吸入管总成 拆卸固定螺栓，脱开压缩机吸入管总成与动力电池包连接		□已完成 □未完成
13	注意： （1）涉及有O形密封圈的空调管路，每次拆卸后必须更换新的O形密封圈，在安装前需涂抹压缩机润滑油至新的O形密封圈上 （2）拆卸空调系统部件后，所有部件都需要进行密封处理，以防灰尘杂质等异物进入空调系统内部造成异常		□已完成 □未完成
14	认识高压线束与高压插接件 拆卸高压线束支架固定螺栓（带上绝缘手套、绝缘帽和护目镜）		□已完成 □未完成
15	拆卸固定螺栓，断开高压插接件与动力电池包连接。使用万用表测量电池包高压母线之间的电压，标准值<1V；测量正极高压母线与电池壳体之间的电压，标准值<1V；测量负极高压母线与电池壳体之间的电压，标准值<1V。使用绝缘胶带进行密封		□已完成 □未完成
16	认识电池包搭铁线束 拆卸固定螺栓，移开电池包搭铁线束		□已完成 □未完成
17	认识电池举升平台，将其置于动力电池包正下方支撑动力电池		□已完成 □未完成
18	缓慢升起可升降举升平台，确保将举升设备稳稳托住动力电池包		□已完成 □未完成
19	切勿使可升降举升平台遮挡动力电池包固定螺栓		□已完成 □未完成
20	了解地毯堵盖的位置。 使用塑料撬板拆卸地毯堵盖		□已完成 □未完成
21	拆卸动力电池包固定螺栓		□已完成 □未完成

（续）

序号	步骤	记录	完成情况
22	拆卸10个固定螺栓，调节电池包拆装工具缓慢降下动力电池包		□已完成 □未完成
23	注意：拆卸动力电池总成时需要多人互相配合，下降动力电池总成时观察四周是否与车身有干涉		□已完成 □未完成
24	将电池包推出车底，对电池包进行隔离防护（树立警示牌）		□已完成 □未完成
25	实训现场6S整理		□已完成 □未完成
总结提升			□已完成 □未完成
质检意见	原因：		□已完成 □未完成

评价反馈

1）各组代表展示汇报PPT，介绍任务的完成过程。

2）请以小组为单位，对各组的操作过程与操作结果进行自评和互评，并将结果填入综合评价表（表2-2-5）中的小组评价部分。

3）教师对学生工作过程与工作结果进行评价，并将评价结果填入综合评价表中的教师评价部分。

表2-2-5 综合评价表

班级		组别		姓名		学号	
实训任务							
评价项目		评价标准				分值	得分
小组评价	计划决策	制定的工作方案合理可行，小组成员分工明确				10	
	任务实施	能够正确检查并设置实训工位				5	
		能够正确完成电池管理系统检测前的准备工作				5	
		能够正确完成比亚迪秦EV的电池管理系统检测工作				20	
		能够正确阐述拆卸动力电池总成过程中的注意事项				20	
		能够规范填写任务工单				10	
	任务达成	能按照工作方案操作，按计划完成工作任务				10	
	工作态度	认真严谨、积极主动，安全生产、文明施工				10	
	团队合作	小组组员积极配合、主动交流、协调工作				5	
	6S管理	完成竣工检验、现场恢复				5	
		小计				100	

（续）

评价项目		评价标准	分值	得分
教师评价	实训纪律	不出现无故迟到、早退、旷课现象，不违反课堂纪律	10	
	方案实施	严格按照工作方案完成任务实施	20	
	团队协作	任务实施过程互相配合，协作度高	20	
	工作质量	能准确完成本节的实训任务	20	
	工作规范	操作规范，三不落地，无意外事故发生	10	
	汇报展示	能准确表达、总结到位、改进措施可行	20	
		小计	100	
综合评分		小组评价分 ×50% + 教师评价分 ×50%		
总结与反思				

（如：学习过程中遇到什么问题→如何解决的/解决不了的原因→心得体会）

任务三　拆装动力电池总成

学习目标

- 掌握动力电池箱的结构。
- 了解动力电池箱体的结构设计要求。
- 掌握秦 EV 动力电池系统的组成。
- 具备阐述比亚迪海豚车型动力电池总成安装流程的能力。
- 了解废旧动力电池的梯次利用与拆解，树立环保意识。

知识索引

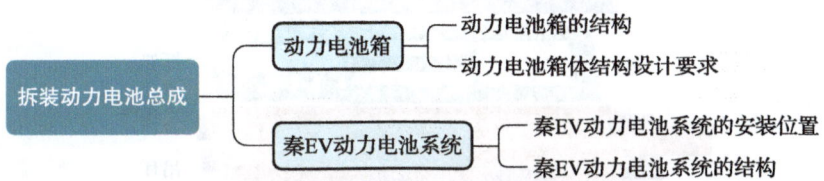

情境导入

4S 店技术主管在经过各项检测之后，判断他正在检修的一辆比亚迪秦 EV 汽车出现了动力电池故障，需要对动力电池总成进行拆卸检查，此时需要你作为维修人员协助技术主管按照规范程序，从车上拆卸动力电池总成并在返厂维修后进行安装，你能做到吗？

获取信息

引导问题 1

请查阅相关资料，简述动力电池箱的结构。

_____
_____
_____

动力电池箱

一、动力电池箱的结构

动力电池箱是指用于盛装电池组、电池管理系统以及相应的辅助元器件，同时包含有机械连接、电气连接、防护等功能的总成，简称电池箱。动力电池箱作为动力电池模组的主要载体，对于保护电池模组的安全起到至关重要的作用。

动力电池箱既要满足电池组容量的体积要求；又要满足底盘空间允许要求，纵向应避免与前防倾杆及后扭转梁悬架纵臂的干涉，宽度方向最好不要超过车架纵梁的宽度，以提高碰撞时电池的安全性，高度方向要保证电池箱的离地间隙，电池箱的厚度不能太大；电池箱必须保证最基本的强度刚度要求；除此之外，电池箱内部要设有电池组散热的结构，且整体能够保证锂电池组防水防尘性及拆装方便性。

电池箱机械结构如图 2-3-1 所示，由上盖、框架、下箱体、吊耳组成，其中上盖通过螺栓与下箱体连接，框架结构和吊耳通过焊接的方式固定在下箱体的内外两侧。

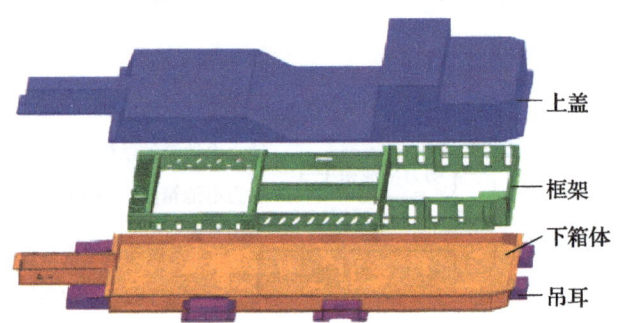

图 2-3-1　电池箱机械结构

二、动力电池箱体结构设计要求

1. 车辆碰撞要求

新能源汽车在进行碰撞相关试验时，电池箱体不仅需要保护电池模组以及重要供电系统，而且需要保护电池箱体中的电子组件，使之不出现损伤影响功能正常运行。因此，在碰撞状况下，电池箱体必备的具体保护内容如下。

1）在碰撞工况下，电池箱体基本尺寸、安装接口等，仍然能够满足整车安装条件；并且安装接口没有出现明显缺失和损伤，电池箱体内继电器、维护开关等工作组件仍然能够保持正常运行工作，安装支架可以满足整车使用要求。

2）在碰撞工况下，箱体密封性能及防水防尘性能需要满足 IP67 要求，并且电子器件在正常运行情况下，能够确保高低压和信号线束安装可靠、拆装方便、节约材料、布局美观、节约空间。

3）在碰撞工况下，电池模组、电池箱体、整车之间能够确保有效绝缘，防止出现漏电等对人体产生伤害事故，并且电阻不小于 20MΩ。此外，电池箱内部温度同样需要保持在正常运行范围内，满足运行要求，内外温差不超过 5℃。

4）在碰撞状况下，电池箱体刚度必须确保电池模块或电池单体产生的挤压变形量在一定安全范围之内，防止电池模组由于过大变形，导致电池出现破裂失效等事故。

2. 防水及绝缘性能要求

新能源汽车动力系统正常运行工作过程中，输出电压通常在200V以上，与人体直接接触时，对人体有较大危险。因此，电池箱体不仅需要具有保护电池模组能力，而且还要能够保护车内人员不会与动力系统直接接触，防止触电等潜在危险对人体造成伤害。除此之外，电池箱体应该具备防水能力，防止箱体内部进水导致供电系统出现短路，影响汽车正常行驶，甚至由于短路造成车辆起火以及出现漏电等事故对车内人员造成伤害。为此，电池箱体需要满足IP67防护要求。具体防护要求设计内容如下。

1）电池模组正负两极连接板与电池箱体之间需要预留适当安全距离，该距离最小值应不小于10mm，以有效保护正负极之间不会发生击穿现象。

2）电池箱体需要整体进行电泳处理，箱体内部同样需要喷涂绝缘漆或内置绝缘模块。

3）电池箱体需要在焊缝连接位置处，通过铺设密封胶以保证密封性。另外，上下箱体螺栓连接处需要添加密封圈，插接件固定处也要增加密封措施。

4）电池箱体布置需要尽可能不影响底盘组件正常工作，并尽可能选择靠近上面布置，箱体布置最低点应该满足所有路况下，整车行驶过程中不会对箱体产生损伤。

5）电池箱体上面插接件安装孔和出风孔的位置，应尽可能安装在距离电池箱体底部一半高度以上。

3. 通风与散热性能要求

汽车在正常运行过程中，尤其以在高速公路中电池模组长时间工作为代表性，在大负载驾驶情况下，电池模组会释放出大量热量。另外，在新能源汽车快速充电状态下，电池模组同样由于高速运行释放出大量热量，为确保电池模组在各种大电流工作情况下的安全性和工作寿命，箱体需要拥有较好散热能力。

箱体内尽可能预留一定空间，电池模组相互之间可以保留合适间隙，电池可以快速有效释放热量。

电池箱体内部通过设置一些挡板，可以正确引导箱体内部气流，从而快速有效控制箱体内部散热，保证动力系统具有较高安全。

在应对突发情况时，需要明确电池模组与散热系统之间停止工作顺序，必须满足电池模组停止工作一段时间后，方可切断散热系统运行，保证散热系统具有一定延后时间。

引导问题 2

请查阅相关资料，简述秦EV动力电池系统的组成。

_____
_____
_____

秦 EV 动力电池系统

一、秦 EV 动力电池系统的安装位置

动力电池系统为整车行驶时提供电能，在车辆减速或滑行时，电机的馈能为动力电池系统充电。秦 EV 的动力电池有 300km 和 405km 续驶里程两种版本（表 2-3-1），其动力电池系统由电池模组、电池信息采集器、电池串联铜排、电池托盘、电池密封盖以及电池采样线束组成。安装位置如图 2-3-2 所示。

表 2-3-1　300km 版本和 405km 版本的动力电池区别

序号	项目	300km 版本的动力电池	405km 版本的动力电池
1	单体电池串联数量	106 块	112 块
2	电池组的标称电压	386.9V	408.8V
3	单体电池的标称电压	3.6V	3.6V
4	容量	105A·h	130A·h
5	电池模组数量	10 个	12 个
6	每个电池模组上的电池信息采集器数量	1 个	1 个
7	整块电池的载电量	40.62kW·h	53.14kW·h

405km 版本动力电池的电池模组连接方式如图 2-3-3 所示。电池包内有一个高压配电盒，零组件分别为 3 个接触器（正极接触器、负极接触器、预充接触器），1 个 200Ω 预充电阻，1 个电流霍尔式传感器，1 个熔断器。

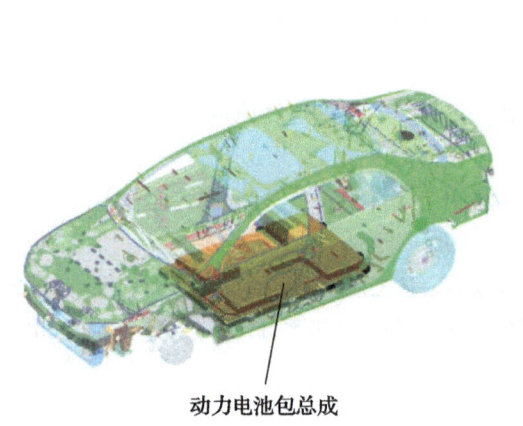

图 2-3-2　动力电池安装位置

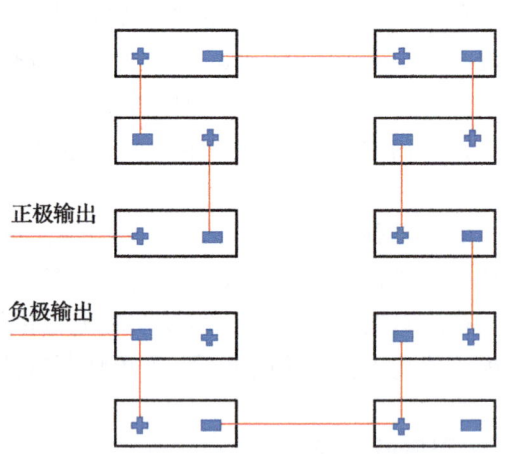

图 2-3-3　电池模组连接方式

二、秦 EV 动力电池系统的结构

秦 EV 电池包内部有接触器和电池信息采集器（BIC），电池管理控制器（BMC）通过电平信号控制接触器通断，通过 CAN 与电池信息采集器（BIC）进行通信，接收电池模组信息。电池系统框图如图 2-3-4 所示。

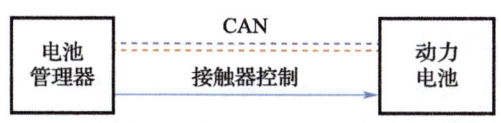

图 2-3-4　电池系统框图

电池模组单体电压、温度通过安装在电池模组上的柔性 PCB 板进行采集，然后传输至电池信息采集器（BIC/BICC）进行解析，电压、温度信号通过安装在电池组高压配电盒内的电池通信转换器与电池管理器（BMC）进行信息交互。采集器插件上的红色采集的是单体电池的电压，黑色采集电池的温度，每个模组有 3 个温度传感器，温度传感器的电阻值为 9.2kΩ 左右。电池信息采集器和通信转换器如图 2-3-5 所示。

图 2-3-5　电池信息采集器和通信转换器

📖 拓展阅读

　　随着新能源汽车产业的快速发展，我国已成为世界第一大新能源汽车产销国。在新能源汽车产业快速发展的同时，动力电池装机量也在逐年攀升。根据 SNE 研究统计，2022 年 1—11 月全球动力电池装机量约 446GW·h，其中中国动力电池装机量达到 258.5GW·h。

　　动力电池的使用年限一般为 5~8 年，电池容量衰减至 80% 以下后，不能有效满足新能源汽车使用需求。2016 年以来我国新能源汽车产业进入快速发展期，业内预测动力电池即将迎来退役高峰。中国汽车技术研究中心测算估计，到 2025 年，我国退役动力电池总量将达 116GW·h，约 78 万 t。如此大量的废旧动力电池若处理不当，可能造成固废填埋量大、重金属污染、粉尘污染、水污染等多种环境污染问题。

　　发展废旧动力电池回收产业已成为全球共识。目前废旧动力电池回收利用的主要方式有两种：梯次利用和再生利用。梯次利用是将退役的动力电池进行筛选，选择 PACK 或模组中性能较好的电池在其他领域进行再次使用。再生利用是将废旧动力电池通过拆解、提炼金属等方式进行资源化处理，回收有价值的再生资源。现阶段退役的动力电池在性能和原始设计上考虑不足，导致梯次利用的经济性和安全性还有待提升，产业规模有限，下游需求不确定性较强。相比之下，再生利用产业发展较快，在能源安全和产业链带动等方面具有较大价值。

1. 有利于绿色环境保护

废旧动力电池的正负极、电解液等材料，对环境和人体健康具有潜在威胁，相关废物已列入我国危险废弃物名录。正极材料中的镍、钴、锰和锂等多种金属元素处理不当，会对水体和土壤造成长期污染；负极材料中的碳燃烧后，产生的一氧化碳和固体粉尘会污染空气；电解液的主要成分为六氟磷酸锂和碳酸酯等物质，具有强腐蚀性；磷元素则容易造成水体的富营养化。发展废旧动力电池回收产业和技术有利于降低废旧金属、废电解液等对环境的污染，有助于建立健全绿色低碳循环发展经济体系。

2. 有利于动力电池产业的资源保障

我国锂资源储量全球排名第4，但品位较低、开采难度大、区位偏僻。近年来，锂电池产业高速发展，国内锂资源开发程度不足、成本较高，造成供给存在缺口。这导致我国成为全球最大的锂资源消费国和进口国，70%以上的锂资源依赖海外进口。通过高效回收，可以有效保障锂稀缺资源供给，降低原矿资源需求，有助于保障动力电池产业安全。

3. 有利于产业链上下游协同

在目前新能源汽车产销量持续上升、资源供给相对紧张的背景下，金属锂及其加工品的价格出现大幅上涨。根据2022年12月底价格显示，电池级碳酸锂（纯度99.5%）市场均价约为52万元/吨，同比上涨约187%，电池级氢氧化锂（纯度56.5%）市场均价约为55万元/吨，同比上涨256%。电解钴价格较2022年3月最高点有一定降幅，但仍维持在价格高位，电解镍价格为22万元/吨，对下游电池成本持续形成压力。2021年前，三元锂电池因正极材料中富含镍、钴、锰等高价金属，其回收利用受到行业普遍重视。据调研了解，第三方回收企业与动力电池生产企业紧密合作，通过回收电池生产端废料，产出高品质电池原材料，积极融入动力电池产业供应链。通过回收处理废旧动力电池，加工成电池前驱体，可有效增加上游原材料供给，缓解供给短缺，降低资源市场价格，促进产业链上下游协同。

做好动力电池回收利用，对于保护生态环境、提高资源利用效率、保障新能源汽车产业持续健康发展具有重要意义。近年来，工信部会同有关部门发布实施一系列政策，强化动力电池全生命周期溯源监测，探索多元化回收利用模式，从法规、政策、技术、标准、产业等方面，加快推动新能源汽车动力电池回收利用，包括加快推进动力电池回收利用立法，强化线上线下协同溯源监管，加强梯次利用管理，实施梯次产品自愿性认证制度，引导市场健康有序发展，督促有关主体落实溯源管理责任等举措。尽管出台了一系列政策，但目前我国动力电池回收利用整体仍处于起步发展阶段，在技术装备、商业模式、政策体系等方面仍存在短板，适合国情的可持续商业模式尚未建立，电池回收利用与新型储能、通信基站、低速电车等行业的融合发展仍在探索中。

能力模块二　掌握动力电池及管理系统构造与拆装方法

任务分组

学生任务分配表见表 2-3-2。

表 2-3-2　学生任务分配表

班级		组号		指导老师	
组长		学号			
组员角色分配					
信息员		学号			
操作员		学号			
记录员		学号			
安全员		学号			
任务分工					
（就组织讨论、工具准备、数据采集、数据记录、安全监督、成果展示等工作内容进行任务分工）					

工作计划

按照前面所了解的知识内容和小组内部讨论的结果，制定工作方案，落实各项工作负责人，如任务实施前的准备工作、实施中主要操作及协助支持工作、实施过程中相关要点及数据的记录工作等，见表 2-3-3。

表 2-3-3　工作计划表

步骤	工作内容	负责人
1		
2		
3		
4		
5		
6		
7		
8		

进行决策

1）各组派代表阐述资料查询结果。
2）各组就各自的查询结果进行交流，并分享技巧。
3）教师对各组的计划方案进行点评。
4）各组长对组内成员进行任务分工，教师确认分工是否合理。

任务实施

引导问题 3

扫描二维码观看视频，了解比亚迪海豚动力电池总成的拆卸过程，并简述操作要点。

_____

_____

动力电池总成拆卸
（海豚）

引导问题 4

扫描二维码观看视频，了解比亚迪海豚动力电池总成安装过程，并简述操作要点。

_____

_____

动力电池总成安装
（海豚）

参考操作视频，按照规范作业要求完成相应的操作步骤，完成数据采集并记录。如表 2-3-4、表 2-3-5 所示。

表 2-3-4　实训准备

实训准备			
序号	设备及工具名称	数量	设备及工具是否完好
1	比亚迪海豚	1 辆	□是　□否
2	万用表	1 台	□是　□否
3	绝缘胶带	1 卷	□是　□否
4	冷却液回收与加注机	1 台	□是　□否
5	一体化集成工量具	1 套	□是　□否
6	车内四件套	1 套	□是　□否
7	车外三件套	1 套	□是　□否
8	三层工具车	1 辆	□是　□否
9	安全防护套装	1 套	□是　□否
10	警示牌	1 套	□是　□否
11	灭火器	1 套	□是　□否
12	冷却液	2 瓶	□是　□否
13	冷却液回收盘	1 个	□是　□否
14	电池举升平台	1 个	□是　□否
15	龙门举升机（4t）	1 台	□是　□否
质检意见	原因：		□是　□否

表 2-3-5　比亚迪海豚动力电池总成的安装流程认知

序号	步骤	记录	完成情况
	比亚迪海豚动力电池总成的安装流程认知		
1	**维修准备工作** （1）检查耐磨手套有无明显破损，如有破损，需进行更换 （2）检查万用表外观有无破损 （3）检查红黑表笔外观有无破损 （4）连接万用表红黑表笔并调至电阻档，万用表校表 （5）检查绝缘手套、护目镜、绝缘帽有无破损		□已完成 □未完成
2	安装10个固定螺栓，调节电池包拆装工具缓慢降下动力电池包（紧固力矩：135N·m）		□已完成 □未完成
3	安装动力电池包固定螺栓		□已完成 □未完成
4	安装地毯堵盖		□已完成 □未完成
5	安装固定螺栓，安装电池包搭铁线束		□已完成 □未完成
6	戴好绝缘手套和护目镜，取下高压母线插接件和动力电池包的绝缘胶带		□已完成 □未完成
7	安装固定螺栓，连接高压插接件与动力电池包		□已完成 □未完成
8	安装高压线束支架固定螺栓		□已完成 □未完成
9	安装固定螺栓，安装压缩机吸入管总成与动力电池包连接		□已完成 □未完成
10	连接前舱线束插接件		□已完成 □未完成
11	安装前副车架挡泥板总成		□已完成 □未完成
12	取下动力电池负极绝缘胶带，使用棘轮扳手、10号套筒安装动力电池负极并紧固		□已完成 □未完成
13	安装完成后，使用制冷剂回收加注机加注制冷剂		□已完成 □未完成
14	**实训现场6S整理** （1）规范拆除车外三件套，关闭前舱盖 （2）关闭启动开关、车辆下电 （3）规范拆除车内四件套 （4）清点工具放回原位，进行场地6S工作		□已完成 □未完成
总结提升			□已完成 □未完成
质检意见	原因：		□已完成 □未完成

评价反馈

1）各组代表展示汇报 PPT，介绍任务的完成过程。

2）请以小组为单位，对各组的操作过程与操作结果进行自评和互评，并将结果填入综合评价表（表 2-3-6）中的小组评价部分。

3）教师对学生工作过程与工作结果进行评价，并将评价结果填入综合评价表中的教师评价部分。

表 2-3-6 综合评价表

班级		组别		姓名		学号	
实训任务							
评价项目		评价标准				分值	得分
小组评价	计划决策	制定的工作方案合理可行，小组成员分工明确				10	
	任务实施	能够正确检查并设置实训工位				5	
		能够准备和规范使用工具设备				5	
		能够正确完成比亚迪海豚的动力电池总成的拆卸工作				20	
		能够正确完成比亚迪海豚的动力电池总成的安装工作				20	
		能够规范填写任务工单				10	
	任务达成	能按照工作方案操作，按计划完成工作任务				10	
	工作态度	认真严谨、积极主动，安全生产，文明施工				10	
	团队合作	小组组员积极配合、主动交流、协调工作				5	
	6S 管理	完成竣工检验、现场恢复				5	
		小计				100	
教师评价	实训纪律	不出现无故迟到、早退、旷课现象，不违反课堂纪律				10	
	方案实施	严格按照工作方案完成任务实施				20	
	团队协作	任务实施过程互相配合，协作度高				20	
	工作质量	能准确完成本节的实训任务				20	
	工作规范	操作规范，三不落地，无意外事故发生				10	
	汇报展示	能准确表达、总结到位、改进措施可行				20	
		小计				100	
综合评分		小组评价分 ×50% + 教师评价分 ×50%					
		总结与反思					
		（如：学习过程中遇到什么问题→如何解决的 / 解决不了的原因→心得体会）					

新能源汽车构造

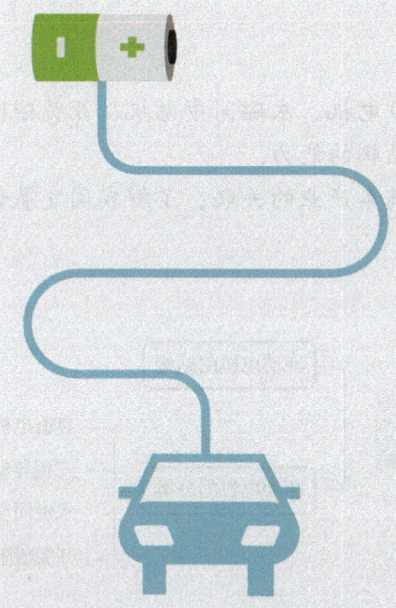

能力模块三
掌握驱动系统构造与拆装方法

任务一　拆装驱动电机

学习目标

- 掌握驱动电机的结构。
- 掌握驱动电机的分类。
- 掌握直流电机、三相异步电机、永磁同步电机、开关磁阻电机的结构。
- 具备辨识永磁同步电机结构的能力。
- 了解稀土资源与新能源汽车产业的关联，了解我国发展新能源汽车产业的优势。

知识索引

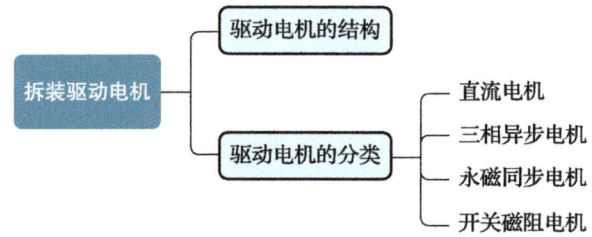

情境导入

新能源汽车的电驱动系统由驱动电机、电机控制器、动力电池和齿轮传动系统等部分构成。其中，驱动电机为新能源汽车驱动系统最主要的部分，其性能的优劣关系到新能源汽车的速度、续驶里程等性能。接下来我们将学习几种常见的驱动电机的结构，并了解电机的性能指标。

获取信息

引导问题 1

请查阅相关资料，简述驱动电机的结构。

_____

_____

_____

驱动电机的结构

驱动电机及其控制系统是新能源汽车动力总成系统的核心组件，用于实现电能与机械能的相互转换，简称驱动电机系统，它主要包括驱动电机和电机控制器。从应用角度看，驱动电机系统与变速器、减速器等耦合形成了电驱动系统，电驱动系统已成为发展的主流。交流永磁同步驱动电机的爆炸图和外形图如图3-1-1和图3-1-2所示。

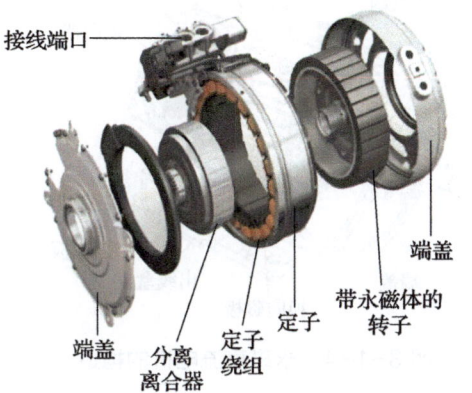

图 3-1-1　交流永磁同步驱动电机爆炸图（示例）　　图 3-1-2　交流永磁同步电机外形图（示例）

电机是将电能转换成机械能或将机械能转换成电能的装置，它具有能做相对运动的组件，是一种依靠电磁感应而运行的电气装置。将电能转换成机械能的电机称为电动机；将机械能转换成电能的电机称为发电机；为电动车辆行驶提供驱动力的电机称为驱动电机，它既是电动机，也是发电机。

引导问题 2

请查阅相关资料，简述驱动电机的分类。

_____
_____
_____

驱动电机的分类

根据电机结构和应用等特点，新能源汽车驱动电机的类型可以分为直流电机、三相异步电机、永磁同步电机和开关磁阻电机四大类。

一、直流电机

直流电机是将直流电能转换成机械能或将机械能转换成直流电能的电机，按励磁磁场产生的方式，可分为电励磁直流电机和永磁直流电机。图3-1-3所示为一种永磁直流电机的外观形图示例。

直流电机的主要部件有机座、电枢、主磁极、换向磁极、电刷架、换向器、冷却风扇、出线盒、接线板、端盖、轴承等，如图 3-1-4 所示。其中静止部分称为定子，由机座、主磁极和励磁绕组换向极和换向绕组、电刷装置、端盖等；转动部分称为电枢或转子，主要包括转子铁心和转子绕组、换向器、转轴等。

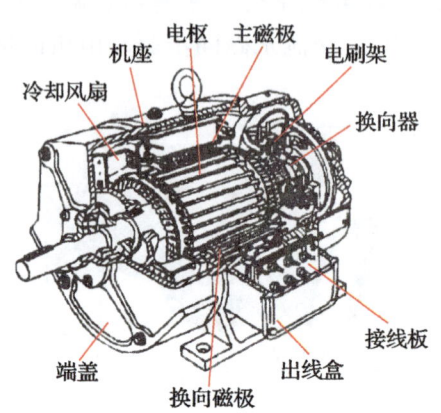

图 3-1-3 永磁直流电机外形图（示例）　　图 3-1-4 永磁直流电机的构造

二、三相异步电机

三相异步电机又称交流感应电机，作为电机运行时，是由气隙旋转磁场与转子绕组感应电流相互作用产生电磁转矩，从而实现将电能量转换为机械能量。中小型封闭式结构的三相异步电机外形图示例如图 3-1-5 所示。

以常见的三相异步电机为例，各类三相异步电机都由定子和转子这两大基本部分组成，在定子与转子之间具有一定宽度的气隙。在电动机运行时，定子是用来产生旋转磁场的。三相交流异步电机的

图 3-1-5 中小型封闭式三相异步电机外形图（示例）

定子由外壳、定子铁心、定子绕组等部分组成；转子分为绕线型和笼型两种，对应的电机分别称为绕线转子异步电机和笼型转子异步电机，后者简称笼型异步电机。另外，还有端盖、轴承、风扇、风扇罩、接线盒、吊环等其他附件，如图 3-1-6 所示。

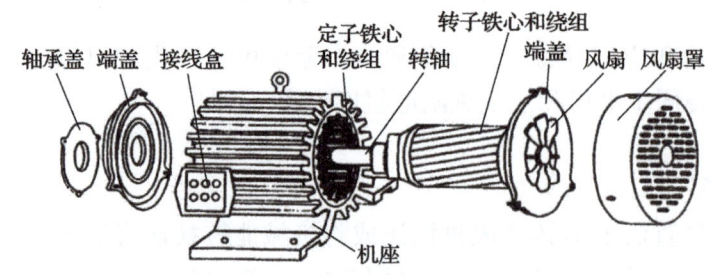

图 3-1-6 三相异步电动机的结构

三、永磁同步电机

永磁同步电机是指转子采用永磁材料励磁的同步电机,是国内新能源汽车主要应用的电机。

永磁同步电机定子绕组的主要电气参数、绕组形式和电励磁式三相同步电机的定子绕组一样,通入交流电源即产生旋转磁场,图 3-1-7 所示为永磁同步电机定子的电气结构与原理。

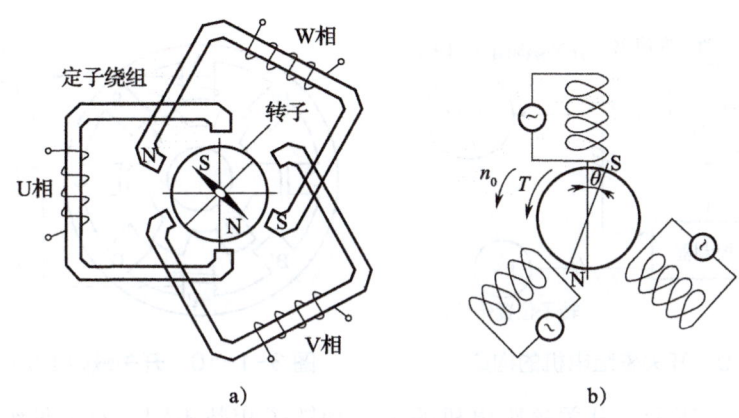

图 3-1-7 永磁同步电机定子的电气结构与原理
a)结构图 b)原理图

永磁同步电机转子使用径向永久磁体作磁极,如图 3-1-8 所示。在旋转磁场的作用下,转子将随着旋转磁场同步旋转,旋转磁场的速度取决于电源频率。

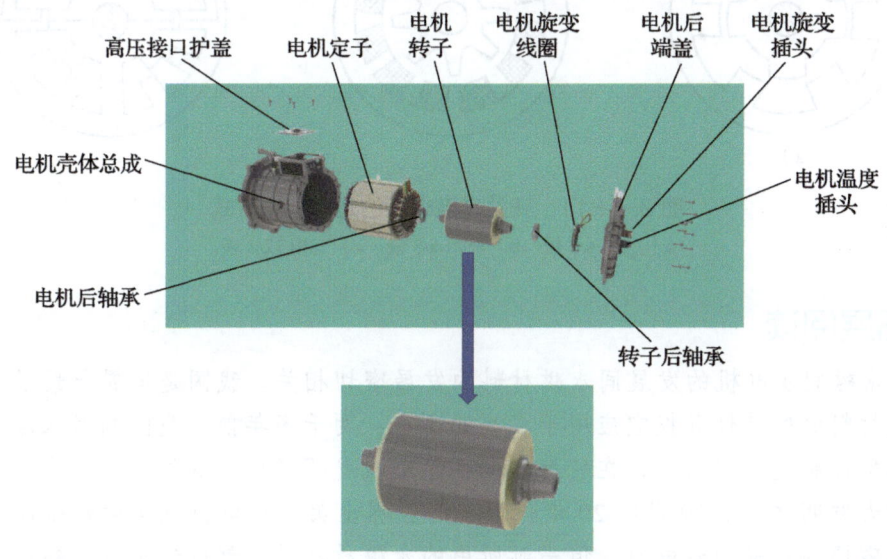

图 3-1-8 永磁同步电机转子

四、开关磁阻电机

开关磁阻电机是采用定转子凸极且极数相接近的大步距磁阻式步进电机的结构,

是利用转子位置传感器通过电子功率开关控制各相绕组导通使之运行的电机。

开关磁阻电机（SRM）是一种典型的机电一体化电机，又称开关磁阻电机驱动系统（SRD）。这种电机主要包括开关磁阻电机本体、电力电子功率变流器、转子位置传感器及控制器四部分，如图 3-1-9 所示。

开关磁阻电机本体采用定子、转子双凸极结构，单边励磁，即只有定子凸极采用集中绕组励磁，而转子凸极上既无绕组，也无永磁体；定子、转子都由硅钢片叠压而成；定子绕组径向相对的极串联，构成一相，其结构原理如图 3-1-10 所示。

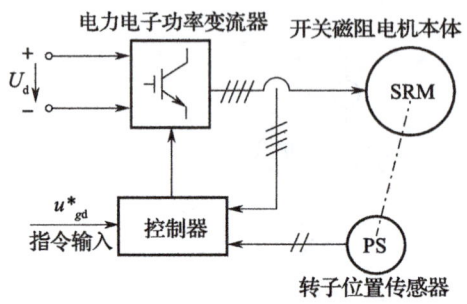
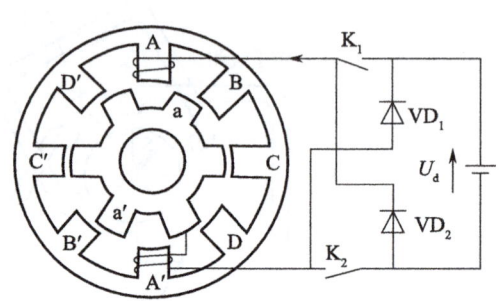

图 3-1-9　开关磁阻电机的构成　　　　图 3-1-10　开关磁阻电机的结构原理

如图 3-1-11 所示，开关磁阻电机的定子和转子相数不同，有多种组合方式，最常见的有三相 6/4 极结构、三相 6/8 极结构及三相 12/8 极结构。

图 3-1-11　开关磁阻电机的几种组合方式
a）三相 6/4 极　b）三相 6/8 极　c）三相 12/8 极

拓展阅读

永磁同步电机的发展同永磁材料的发展密切相关。我国是世界上最早发现永磁材料的磁特性并把它应用于实践的国家。两千多年前，我国利用永磁材料的磁特性制成了指南针，在航海、军事等领域发挥了巨大的作用，成为我国古代四大发明之一。19 世纪 20 年代出现的世界上第一台电机就是由永磁体产生励磁磁场的永磁同步电机，但当时所用的永磁材料是天然磁铁矿石，磁能密度很低，用它制成的电机体积庞大，不久就被电励磁电机所取代。目前永磁同步电机所用的永磁材料主要是稀土永磁材料。

稀土元素通常被分为轻稀土和中重稀土两大类。轻稀土元素包括镧、铈、镨、钕、钷、钐、铕、钆共 8 种元素，中重稀土元素包括铽、镝、钬、铒、铥、镱、镥、钪、钇共 9 种元素。稀土是我国重要的战略资源，也是不可再生资源，因其独特的原子结构使其呈现出丰富多彩的磁学、光学、电学等物理性质。稀土磁性材料是稀土元素最重要的应用领域，不仅被广泛应用于电子、信息、电机、汽车、交通、能源、家电等民用产品领域，更是国防尖端技术领域重要的基础材料。

目前，我国研制成功的各种稀土永磁材料的性能已经达到国际先进水平。我国稀土一共占据着 4 个全球第一，分别是储量全球第一、产量全球第一、出口量全球第一、消费量全球第一。据相关数据显示，全球稀土总储量大约是 1.4 亿吨，而我国的储量就达到了 4400 万吨，占据全球储量的 39%。但我们也要保护好稀土资源，不能过度开采，要提升开发利用整体水平。由于我国稀土资源丰富，所以我国电动汽车驱动电机使用的基本都是依赖稀土的永磁同步电机。

任务分组

学生任务分配表见表 3-1-1。

表 3-1-1　学生任务分配表

班级		组号		指导老师	
组长		学号			
组员角色分配					
信息员		学号			
操作员		学号			
记录员		学号			
安全员		学号			
任务分工					
（就组织讨论、工具准备、数据采集、数据记录、安全监督、成果展示等工作内容进行任务分工）					

工作计划

按照前面所了解的知识内容和小组内部讨论的结果,制定工作方案,落实各项工作负责人,如任务实施前的准备工作、实施中主要操作及协助支持工作、实施过程中相关要点及数据的记录工作等,见表3-1-2。

表 3-1-2　工作计划表

步骤	工作内容	负责人
1		
2		
3		
4		
5		
6		
7		
8		

进行决策

1)各组派代表阐述资料查询结果。
2)各组就各自的查询结果进行交流,并分享技巧。
3)教师对各组的计划方案进行点评。
4)各组长对组内成员进行任务分工,教师确认分工是否合理。

任务实施

引导问题 3

扫描二维码观看视频,了解新能源汽车驱动电机的性能测试过程,并简述操作要点。

新能源汽车动力总成拆装与检测驱动电机性能测试

_____
_____

参考操作视频,按照规范作业要求完成相应的操作步骤,完成数据采集并记录。如表 3-1-3、表 3-1-4 所示。

表 3-1-3　实训准备

实训准备			
序号	设备及工具名称	数量	设备及工具是否完好
1	永磁同步电机	1 台	□是　□否

（续）

序号	设备及工具名称	数量	设备及工具是否完好
2	综合汽车维修工具 38 件套	1 套	□是　□否
3	卡簧钳	1 件	□是　□否
4	顶拔器	1 件	□是　□否
质检意见	原因：		□是　□否

场地设备准备

任务实施前需要做好场地防护准备以及检查实训场地和设备设施是否存在安全隐患，如不正常，需及时汇报给老师，进行处理后方可实施任务。

安全要求及注意事项

1）请严格按照实训步骤进行拆装作业，以免造成部件损伤。
2）拆装电机固定螺钉时，请注意选用合适的工具，并控制力矩。
3）电机转子为永磁体，使用顶拔器注意力矩不宜过大、顶出速度不宜过快。
4）电机转子为永磁体，离开定子腔体之后，注意远离小件铁磁性金属物品。
5）电机很多附件为塑料材质，取下时注意方法和力矩。

表 3-1-4　永磁同步电机的结构与电机的性能指标认知

永磁同步电机的结构与电机的性能指标认知			
序号	步骤	记录	完成情况
1	新能源汽车的电机性能指标认知 （1）最大功率和最大转矩 　电机的最大功率和最大转矩是评估电机性能的关键指标。最大功率是指电机能够输出的最大功率，通常用千瓦（kW）表示。最大转矩是指电机能够输出的最大转矩，通常用 N·m 表示。一般来说，最大功率和最大转矩越大，电机的性能越优秀，车辆加速能力、爬坡能力和续驶里程也会越好 （2）效率 　电机的效率是指输出功率与输入功率之比，通常以百分比表示。电机效率越高，能量损耗就越少，车辆续驶里程就会越长 （3）转速范围 　电机的转速范围是指电机能够正常工作的最低速度和最高速度。在车辆行驶中，电机的转速范围需要保持在一定的范围内，以保证电机的工作状态和高效运转 （4）噪声和振动 　电机的噪声和振动会影响行车舒适性和驾驶体验。因此，电机噪声和振动的大小也是评估电机性能的重要指标		□已完成 □未完成

（续）

序号	步骤	记录	完成情况
2	认识永磁同步电机。 拆下四颗电机后端盖固定螺钉	拆卸工具： 螺钉个数： 螺钉规格： 螺钉拆卸顺序： 螺钉拆卸力矩： 螺钉拆卸后的放置位置：	□已完成 □未完成
3	认识编码器电路板。 取下后端盖，拆卸编码器电路板固定螺钉。拆卸前用油性笔做好标记	拆卸工具： 螺钉个数： 螺钉规格： 螺钉拆卸顺序： 螺钉拆卸力矩： 螺钉拆卸后的放置位置：	□已完成 □未完成
4	螺钉拆卸完毕后，使用一字螺丝刀轻轻向外撬动编码器。取出编码器	拆卸工具：	□已完成 □未完成
5	拆卸电机外壳固定螺钉	拆卸工具： 螺钉个数： 螺钉规格： 螺钉拆卸顺序： 螺钉拆卸力矩： 螺钉拆卸后的放置位置：	□已完成 □未完成

（续）

序号	步骤	记录	完成情况
6	使用一字螺丝刀卡住电机外壳接触面缝隙，用橡胶锤轻轻敲打使得接触面分离		□已完成 □未完成
7	抽出转子，认识转子、定子与旋变传感器的位置与结构，拆卸完成		□已完成 □未完成
8	将编码器和温度传感器线束穿过固定孔位，线束放入线圈槽内	安装工具：	□已完成 □未完成

（续）

序号	步骤	记录	完成情况
9	装回电机转子	安装工具：	□已完成 □未完成
10	安装编码器固定螺钉	螺钉安装顺序： 螺钉紧固力矩：	□已完成 □未完成
11	装回线束固定卡扣	安装工具：	□已完成 □未完成
12	安装后端盖，用螺丝刀固定螺钉，安装完成	螺钉安装顺序： 螺钉紧固力矩：	□已完成 □未完成
13	实训现场 6S 整理		□已完成 □未完成
总结提升			□已完成 □未完成
质检意见	原因：		□已完成 □未完成

姓名　　　　　班级　　　　　日期　　　　　　　　　　　能力模块三　掌握驱动系统构造与拆装方法

评价反馈

1）各组代表展示汇报 PPT，介绍任务的完成过程。

2）请以小组为单位，对各组的操作过程与操作结果进行自评和互评，并将结果填入综合评价表（表 3-1-5）中的小组评价部分。

3）教师对学生工作过程与工作结果进行评价，并将评价结果填入综合评价表（表 3-1-5）中的教师评价部分。

表 3-1-5　综合评价表

班级		组别		姓名		学号	
实训任务							
评价项目		评价标准				分值	得分
小组评价	计划决策	制定的工作方案合理可行，小组成员分工明确				10	
	任务实施	能够正确检查并设置实训工位				5	
		能够准备和规范使用工具设备				5	
		能够正确完成新能源汽车驱动电机性能测试前的准备工作				20	
		能够正确完成新能源汽车驱动电机的性能测试工作				20	
		能够规范填写任务工单				10	
	任务达成	能按照工作方案操作，按计划完成工作任务				10	
	工作态度	认真严谨、积极主动，安全生产、文明施工				10	
	团队合作	小组组员积极配合、主动交流、协调工作				5	
	6S 管理	完成竣工检验、现场恢复				5	
		小计				100	
教师评价	实训纪律	不出现无故迟到、早退、旷课现象，不违反课堂纪律				10	
	方案实施	严格按照工作方案完成任务实施				20	
	团队协作	任务实施过程互相配合，协作度高				20	
	工作质量	能准确完成本节的实训任务				20	
	工作规范	操作规范、三不落地、无意外事故发生				10	
	汇报展示	能准确表达、总结到位、改进措施可行				20	
		小计				100	
综合评分		小组评价分 ×50% + 教师评价分 ×50%					
总结与反思							
（如：学习过程中遇到什么问题→如何解决的/解决不了的原因→心得体会）							

任务二 拆装驱动电机控制器

学习目标

- 掌握电机控制器的定义与功能。
- 掌握电机控制器的工作原理。
- 掌握比亚迪秦 EV 电机控制器的特点。
- 具备辨识电机控制器结构的能力。
- 了解比亚迪的易四方技术平台,关注我国新能源汽车企业的发展与企业文化。

知识索引

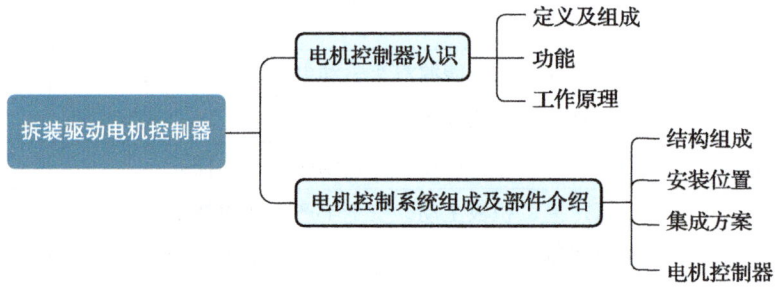

情境导入

电机控制器是电驱动系统的控制中心,2020 款比亚迪秦 EV 采用了一套"三合一"电驱动系统,该"三合一"电驱动系统由驱动电机、驱动电机控制器以及变速器三者集成。你能否阐述秦 EV 车型电机控制器的结构和其在实车上的位置吗?

获取信息

引导问题 1

请查阅相关资料,简述电机控制器的功能。

_____
_____

电机控制器认识

一、定义及组成

驱动电机控制器是一种用于控制动力电池与驱动电机之间能量传输和转换的装置，是电驱动系统的控制中心。

驱动电机控制器主要组成包括智能功率（IPM）模块、绝缘栅双极型晶体管（IGBT）模块、信号数据采集模块、关联电路等硬件，以及电机控制算法与保护逻辑等软件部分。下面简要介绍 IGBT 模块与 IPM 模块。

IGBT（Insulated Gate Bipolar Transistor）也称绝缘栅双极型晶体管，是一种由 MOS（绝缘栅型场效应管）和 BJT（双极型晶体管）组合而成的复合全控型电压驱动式功率半导体器件，被认为是电动汽车的核心技术之一。

IPM（Intelligent Power Module）是指智能功率模块，它把功率开关器件（IGBT）和驱动电路集成在一起，而且内部设有过电压、过电流和过温等故障检测电路，并可将检测信号送到驱动电机控制器的信号数据采集模块。

二、功能

1）具有采集转矩请求、旋变等信号，控制电机正向、反向驱动以及正、反转发电的功能。

2）具有高压输出电压和电流控制限制的功能。

3）具有电压跌落保护、过电流保护、过温保护、IPM 过温保护、IGBT 过温保护、功率限制、转矩控制限制等功能。

4）具有能量回馈控制及主动泄放、被动泄放控制的功能。

三、工作原理

旋转变压器检测转子位置并判断其状态，接通电机控制器内相应的 IGBT，此时高压直流电经电机控制器内的 IGBT 进行逆变后流入定子绕组线圈，通电产生旋转的磁场（电转磁 – 电感），利用右手法则判定磁极，同性相斥、异性相吸使转子的磁铁随之转动。W 晶体管导通，V 晶体管 PWM 控制电流的大小和频率，实现电机的调速。其控制原理如图 3-2-1 所示。

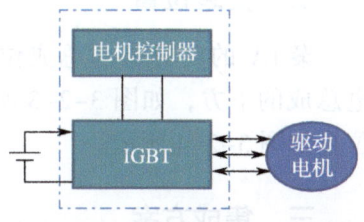

图 3-2-1　电机控制器原理图

当车辆在减速或滑行时，驱动电机会根据磁场旋转的方向切割导线，将汽车的部分动能转化为电能，进行能量回收。旋转磁场是转子，被切割的导线是定子绕组。转子旋转（机械能转换成磁能）产生磁场，定子绕组线圈（磁能转成电能 – 电磁感应）产生电能；每转动 180° 产生的电压方向（极性）改变一次（进去低电位，出来高电位），从而产生交流方波电。最后经过电机控制器内的 IGBT 上的二极管整流，变成直流电输出给动力电池充电。

注意：当 EV 车型电池组的 SOC>95% 或 PHEV 车型电池组的 SOC>90% 时，能量回收的电能不会给动力电池充电。当动力电池有故障时，能量回收的电能也不会给动力电池充电。

> **引导问题 2**
>
> 请查阅相关资料，简述秦 EV 电机控制系统的组成。
>
> _____
>
> _____
>
> _____

电机控制系统组成及部件介绍

一、结构组成

秦 EV 的驱动电机控制系统，也称前驱电动总成或三合一驱动系统，主要由驱动电机控制器（Motor Control Unit，MCU）、驱动电机、单档变速器组成，如图 3-2-2 所示。

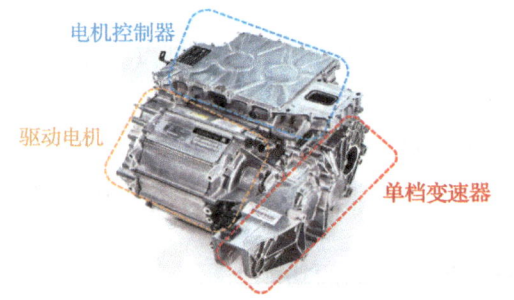

图 3-2-2 秦 EV 前驱电动总成

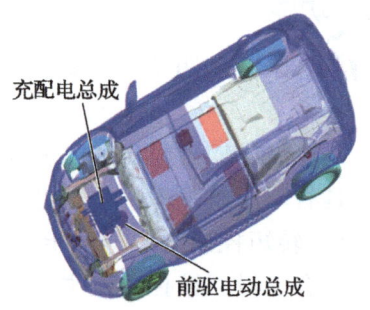

图 3-2-3 秦 EV 前驱电动总成安装位置示意图

二、安装位置

秦 EV 的前驱电动总成位于前舱中部，在充配电总成的下方，如图 3-2-3 所示。充配电总成安装位置如图 3-2-4 所示。

三、集成方案

动力总成系统是新能源汽车的"心脏"。随着新能源汽车市场的逐步繁荣，为了提升整车产品竞争力，机电一体化的动力总成系统凭借其能量密度大、效率高和维护性低等特点，在新能源汽车领域应用越来越广泛。

图 3-2-4 秦 EV 实车上充配电总成安装位置

如图 3-2-5 至图 3-2-7 所示，目前新能源汽车动力总成有多种集成方式，从最初的"二合一"总成（电机+减速器）到"三合一"总成（电机+电机控制器+减速器），发展到目前最多的"八合一"总成［电机+减速器+微控制单元（MCU）+逆变器+电机控制单元（VCU）+车载充电器（OBC）+DC/DC 电源变换器+电源分配单元（PDU）］。

图 3-2-5　二合一动力总成　　　图 3-2-6　三合一动力总成　　　图 3-2-7　八合一动力总成

集成度高的动力总成系统具备的优势主要有总成体积缩小，系统总质量降低，一定程度上也降低了汽车能耗、提升了续驶里程；采用集成化动力总成系统的机舱更加简洁，汽车各系统布局更加灵活，乘坐及储物空间能够被最大化地利用；通过集成化设计，动力总成系统能够降低接口复杂度及成本。

但是，同时高集成度也带来了一些难题。例如，总成系统导致各组件与空气接触面积减少，为保证各组件处于正常工作温度区间，整个散热系统需要重新设计优化。同时，噪声振动（NVH）、电磁兼容（EMC）、安全等性能指标的控制，以及零组件开发协同，都是目前整车厂和供应商需要重点攻克的难题。在后期用车方面，动力总成的集成化可能对消费者产生不良影响。一定程度上，动力总成的集成化会导致各组件的可靠性降低，各组件的质量控制就显得尤为重要；当某个零组件出现问题，需要维修或者更换总成时，会导致维修时间和成本的增加。

在比亚迪"三合一"总成集成方案中，本着"高品质、高电压、高集成、高转速、高性能、低成本"的开发理念，前驱电动总成由驱动电机控制器、驱动电机、单档变速器组成，如图 3-2-2 所示。驱动电机及控制器采用直连的方式，减少电机的三相电缆，驱动电机和控制器共用冷却系统，成本降低了 33%、体积减少了 30%、重量也减轻了 25%、功率密度增加了 20%、NEDC 效率提升了 1%，转矩密度增加了 17%。电机转速在 0~4775r/min 下的额定转矩为 70N·m（最长 30s），电机的转速在 0~3714r/min 下输出的转矩为 180N·m。电机的转速在 4775~12000r/min 下持续额定功率为 35kW，当电机的转速在 5305~6000r/min 时持续 5s 可获得输入的最大功率为 100kW。比亚迪"三合一"集成方案如表 3-2-1 所示。

表 3-2-1　比亚迪驱动"三合一"集成方案

集成内容	示图	集成目的
电机、电控端子直连，取消三相线		降低成本

（续）

集成内容	示图	集成目的
电机、电控水道直连，取消水管		降低成本
电机转子轴和减速器输入轴共用		提高同轴度、减小噪声
电机壳体和减速器壳体共用		降低成本、提高同轴度、提高装配精度

而除了秦 EV，在比亚迪的众多车型中，诸如唐 EV、宋 Pro 及相关混动车型搭载的也都是"三合一"驱动总成。

四、电机控制器

比亚迪前驱电动总成控制器采用了三组分立的 IGBT 模块，夹在冷却水道与驱动板之间，依靠上方的驱动板来驱动。如图 3-2-8 所示，驱动板通过一个变压器来实现高压侧和低压侧的隔离，采用 6 片独立的驱动芯片，对每一个 IGBT 的上管和下管进行驱动。如图 3-2-9 所示，电机控制器将动力电池输出的高压直流电通过 3 组 IGBT 模块逆变成三相可调电压、可变频率的交流电供驱动电机使用。

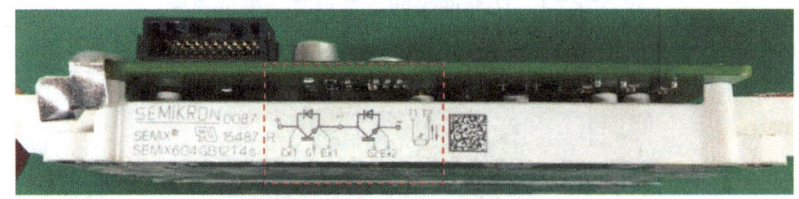

图 3-2-8　比亚迪秦 EV 前驱电动总成控制器 IGBT 模块

驱动电机的旋变线圈的信号直接通过硬线信号传输到电机控制器，电机控制器通过转码后输出电机转速。前驱电动总成中的电机控制器上有一块主控制板，如图 3-2-10 所示。主控板的电路架构上使用了一片 DSP 控制芯片和一片 FPGA 芯片。FPGA 芯片反应速度快,在车辆发生故障时,比如电机出现绝缘不良导致电流过大时,电机控制器能够及时切断高压,对驱动电机和控制器进行保护。

图 3-2-9　比亚迪秦 EV 前驱电动总成电机控制器中的驱动板和 IGBT 模块

图 3-2-10　比亚迪秦 EV 前驱电动总成中的电机控制器主控板

📖 拓展阅读

　　易四方,顾名思义,整套系统是以四台独立驱动的轮边电机所组成的动力系统,并且是国内首个量产的四电机驱动技术。整个易四方技术平台已经不局限于我们传统所认知的电机、电控、动力电池等常规技术范畴,它将从感知、控制、执行这三个维度来全面重构,以此来颠覆以往燃油车的动力系统能力体系。

　　首先是感知方面,易四方技术平台融合了整车多种传感器,除了传统的实时数据,如惯导、电机旋变、轮速、转向、胎压等,还包括摄像头、激光雷达、毫米波雷达、高精定位等智驾传感数据,让轮边电机获得足够的感知能力来判断与决策,以此不断调整车轮的行驶状态,让车辆始终处于一个安全有效的驾驶方式。

　　为了实现深度融合和感知,易四方所搭载的中央计算平台和分布式控制器相结合的电子电器架构可以高效地协调,来控制整体的架构。它可以将域控的多模态感知信号进行有效同步融合。并且中央控制器与各域控间通过高带宽、低时延、高安全的车载以太网,来实时互通感知信息和控制策略,因此在控制器及传感器的高度协同下,让易四方平台实现四台轮边电机的精准和多样化控制。

易四方技术平台标配了全新一代的 800V SIC（碳化硅）电控，最高效率为 99.5%。以高运算能力和控制速度，实现电流输出能力提升 50%，能够精准地控制四个驱动轮所需要的电流输出。并且 SIC 的使用能让驱动电机在低转速时承受更大输入功率，且因其高热性能，不怕电流过大导致的热效应和功率损耗。根据数据显示，易四方技术平台的四轮电机单个最大输出功率覆盖 220~240kW，最大转矩覆盖 320~420N·m，效率也高达 97.7%，最高转速达到了 20500r/min，整车功率超过了 800kW。

首先感知车辆行驶情况、路面信息，也就是知己知彼，其次要发送控制信号，下达指令，最后就是四台电机接收到信号后，还得有快速、直接、精准的执行能力，三者环环相扣，缺一不可。

正是比亚迪对汽车极致安全性的大胆构想，让汽车像猎豹一样拥有四条独立且强大的腿，拥有轮边电机技术的仰望易四方，在全球新能源汽车领域已经向前迈出了一大步。

任务分组

学生任务分配表见表 3-2-2。

表 3-2-2　学生任务分配表

班级		组号		指导老师	
组长		学号			
组员角色分配					
信息员		学号			
操作员		学号			
记录员		学号			
安全员		学号			
任务分工					
（就组织讨论、工具准备、数据采集、数据记录、安全监督、成果展示等工作内容进行任务分工）					

工作计划

按照前面所了解的知识内容和小组内部讨论的结果，制定工作方案，落实各项工作负责人，如任务实施前的准备工作、实施中主要操作及协助支持工作、实施过程中相关要点及数据的记录工作等，见表3-2-3。

表3-2-3　工作计划表

步骤	工作内容	负责人
1		
2		
3		
4		
5		
6		
7		
8		

进行决策

1）各组派代表阐述资料查询结果。
2）各组就各自的查询结果进行交流，并分享技巧。
3）教师对各组的计划方案进行点评。
4）各组长对组内成员进行任务分工，教师确认分工是否合理。

任务实施

引导问题3

扫描二维码观看视频，了解秦EV电机控制器的检查过程，并简述操作要点。
_____
_____

电机控制器的检查
（秦EV）

参考操作视频，按照规范作业要求完成相应的操作步骤，完成数据采集并记录。如表3-2-4、表3-2-5所示。

表3-2-4　实训准备

实训准备			
序号	设备及工具名称	数量	设备及工具是否完好
1	比亚迪秦EV	1辆	□是　□否

（续）

序号	设备及工具名称	数量	设备及工具是否完好
2	一体化集成工量具	1套	□是　□否
3	车内四件套	1套	□是　□否
4	车外三件套	1套	□是　□否
5	万用表	1台	□是　□否
6	三层工具车	1辆	□是　□否
7	安全防护套装	1套	□是　□否
8	警示牌	1套	□是　□否
9	灭火器	1套	□是　□否
10	绝缘工具套装	1套	□是　□否
质检意见	原因：		□是　□否

表 3-2-5　电机控制器的检查、紧固与结构认知

电机控制器的检查、紧固与结构认知			
序号	步骤	记录	完成情况
1	准备工作 （1）检查耐磨手套有无明显破损，如有破损，需进行更换 （2）检查万用表外观有无破损 （3）检查万用表红黑表笔外观有无破损 （4）连接万用表红黑表笔并调至电阻档，万用表校表 （5）检查绝缘测试仪外观有无破损 （6）检查绝缘测试仪红黑表笔外观有无破损 （7）检查绝缘手套有无破损		□已完成 □未完成
2	电机控制器的检查前准备 （1）将车辆正确停放至工位，放置车轮挡块 （2）按下钥匙解锁键进行车辆解锁 （3）打开车门 （4）规范铺设车内四件套 （5）进入车内，踩下制动踏板，按下起动开关 （6）按下驾驶位车窗按钮，降下驾驶位车窗，以防车辆意外断电造成车门误锁 （7）拉前舱盖开关，打开前舱盖 （8）规范铺设车外三件套		□已完成 □未完成
3	电机控制器的检查 （1）戴上耐磨手套，取出棘轮扳手、10号套筒 （2）断开低压蓄电池负极，并使用绝缘胶带缠绕负极接头		□已完成 □未完成

（续）

序号	步骤	记录	完成情况
3	（3）规范佩戴绝缘手套与护目镜，使用绝缘一字螺丝刀松开高压母线互锁开关并拔下 （4）使用万用表电压档对高压母线插接头进行验电。测得结果接近0V，正常 （5）使用绝缘胶带缠绕高压母线插接件 （6）检查电机控制器冷却水管、接头处有无裂纹、有无渗漏 （7）目测电机控制器外观有无磕碰、变形、损坏或涉水痕迹，并使用干布对电机控制器的外观进行清洁 （8）检查电机控制器低压插接件是否连接到位、有无退针现象 （9）检查电机控制器高压插接件是否连接到位，是否有退针现象，或存在过电压烧灼的情况 （10）检查电机控制器高压电缆绝缘性 （11）车辆在充电或行驶中如有动力电池绝缘故障，在检测其他高压系统绝缘电阻正常情况下，需检查电机控制器和连接电机控制器的高压线缆绝缘电阻是否正常 （12）将绝缘电阻表黑表笔搭铁，用红表笔测量电机控制器高压正负极端子的绝缘电阻 （13）按下测试按钮，显示的数值为绝缘电阻值。电机控制器的搭铁绝缘电阻应大于100MΩ		□已完成 □未完成
4	电机控制器的紧固 （1）检查电机控制器固定螺钉，松动则用专用工具紧固 （2）检查电机控制器正负极连接是否松动，松动则用专用工具紧固 （3）检查电机控制器低压插接件是否安装到位，松动则拔下重新安装		□已完成 □未完成
5	认识与拆卸驱动电机控制器 （1）在进水口用气枪将冷却水道内的水从出水口排出，拆开水管卡扣和水管，交错拧开用于固定电机端盖和盖板的10个M5螺栓，将盖板从总成上拆开，拆掉控制器与电机相连的三相线，拆开用于固定控制器箱体与电机端盖和变速器前箱体的螺栓，将控制器与电机和变速器分离 （2）拆开驱动电机控制器与驱动电机相连的3个M6外六角三相线紧固螺栓［注：装配时力矩（9±0.5）N·m］，拔出旋变及温度传感器插接件 （3）将驱动电机控制器与电机和变速器分离，并保护各部件的进水口和出水口不被磕碰		□已完成 □未完成

（续）

序号	步骤	记录	完成情况
6	认识驱动电机控制器的结构 （1）拆下驱动电机控制器盖板上的上盖螺栓 （2）认识并拆下驱动电机控制器主控板 （3）认识并拆下驱动电机控制器IGBT驱动板		□已完成 □未完成
7	实训现场6S整理		□已完成 □未完成
总结提升			□已完成 □未完成
质检意见	原因：		□已完成 □未完成

📝 评价反馈

1）各组代表展示汇报 PPT，介绍任务的完成过程。

2）请以小组为单位，对各组的操作过程与操作结果进行自评和互评，并将结果填入综合评价表（表 3-2-6）中的小组评价部分。

3）教师对学生工作过程与工作结果进行评价，并将评价结果填入综合评价表（表 3-2-6）中的教师评价部分。

表 3-2-6　综合评价表

班级		组别		姓名		学号	
实训任务							
评价项目		评价标准				分值	得分
小组评价	计划决策	制定的工作方案合理可行，小组成员分工明确				10	
	任务实施	能够正确检查并设置实训工位				5	
		能够准备和规范使用工具设备				5	
		能够正确完成电机控制器检查前的准备工作				20	
		能够正确完成秦 EV 电机控制器的检查工作				20	
		能够规范填写任务工单				10	
	任务达成	能按照工作方案操作，按计划完成工作任务				10	
	工作态度	认真严谨、积极主动，安全生产，文明施工				10	
	团队合作	小组组员积极配合、主动交流、协调工作				5	
	6S 管理	完成竣工检验、现场恢复				5	
		小计				100	
教师评价	实训纪律	不出现无故迟到、早退、旷课现象，不违反课堂纪律				10	
	方案实施	严格按照工作方案完成任务实施				20	
	团队协作	任务实施过程互相配合，协作度高				20	
	工作质量	能准确完成本节的实训任务				20	
	工作规范	操作规范，三不落地，无意外事故发生				10	
	汇报展示	能准确表达、总结到位、改进措施可行				20	
		小计				100	
综合评分		小组评价分 ×50% + 教师评价分 ×50%					
总结与反思							

（如：学习过程中遇到什么问题→如何解决的/解决不了的原因→心得体会）

任务三 认知电机驱动系统工作原理与结构

学习目标

- 掌握电驱动系统的基本结构。
- 了解电机驱动控制策略。
- 掌握新能源汽车对电驱动系统的技术要求。
- 具备辨识秦EV前驱电动总成结构的能力。
- 了解钟兆琳先生的故事,学习前人的务实精神与高尚品德。

知识索引

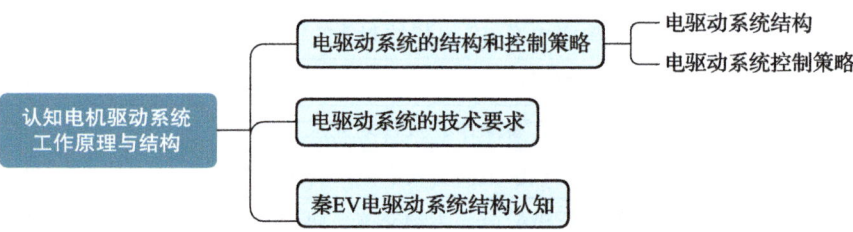

情境导入

我们已经初步了解了电驱动系统中的主要部分——电机与控制中心——电机控制器,在秦EV实车上,驱动电机、驱动电机控制器以及变速器都集成在前驱电动总成上,你是否了解秦EV的前驱电动总成的结构与前驱电动总成拆装时的注意事项?

获取信息

引导问题 1

请查阅相关资料,简述新能源汽车电驱动系统的基本构成。

_____

_____

_____

考证指南

在交通运输部职业资格中心 2022 年 7 月发布的《新能源汽车检测维修专业能力评价标准》中，明确规定驱动电机及控制系统基本组成结构及工作原理考核内容，掌握相关内容可以通过新能源汽车检测维修专业能力评价考试，获得由交通运输部职业资格中心颁发的《交通运输专业能力评价合格证书》。

电驱动系统的结构和控制策略

一、电驱动系统结构

新能源汽车电驱动系统是新能源汽车的"心脏"和"肌肉"，其作用相当于传统汽车的发动机和变速器。通常电力驱动系统主要包括电机、电机控制器及传动机构。电机驱动方式可分为电机中央驱动和电动轮驱动两种形式。

1. 电机中央驱动

由电机、固定速比减速器和差速器等构成电机中央驱动系统，这种驱动系统中，由于没有离合器和变速器，因此可以减少机械传动装置的体积和质量；还有一种电机中央驱动系统，它与前置发动机前轮驱动的传统汽车的布置形式相似，将电机、固定速比减速器和差速器集成一体，两根半轴连接两个驱动车轮，这种布置形式在小型电动汽车上应用最为普遍。

2. 电动轮驱动

电机和固定速比的行星齿轮减速器安装在车轮里面，省去了传动轴和差速器，从而简化了传动系统。但是电动轮驱动方式需要两个或四个电机，其控制电路也比较复杂，这种驱动方式在中兴电动汽车上有较广泛的应用。

二、电驱动系统控制策略

在新能源汽车和燃料电池汽车上，电驱动系统作为车辆唯一的驱动力来源，提供了车辆行驶全部的驱动力，保证车辆的行驶动力性、平顺性等性能，其作用相当于传统汽车的发动机。但是，由于电驱动系统能够工作在制动能量回收状态，所以该系统还具备了传统发动机无法实现的能量回馈功能，即电驱动系统在车辆制动时，能够将车辆的动能通过驱动系统的发电功能转换为电能存储到车载电源系统中。

新能源汽车电驱动系统主要由动力输出的驱动电机、电能变换的功率变换器，以及实现控制算法的控制系统构成。图 3-3-1 中间部分的实框内展示了一种常见的电驱动系统构成。其中驱动电机接收来自功率变换器的不同电压、不同频率的电能，通过电磁场作用将电能转换为机械能输出，从而推动车辆运动或者停止；功率变换器负责将车载直流电能转换为不同的直流电能或者不同频率的交流电能，为驱动电机提供适合的电能；控制系统则接受整车行驶需求，进行控制算法和适合整车行驶需求的策略计算，为功率变换器提供合适的控制规则，实现恰当的逻辑和策略。

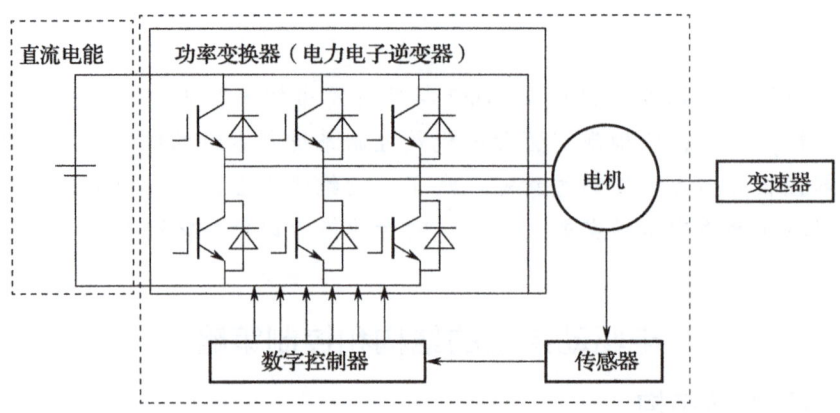

图 3-3-1　一种典型的新能源汽车电驱动系统结构

 引导问题 2

请查阅相关资料，简述电驱动系统的技术要求。

_____
_____
_____

电驱动系统的技术要求

电驱动系统是新能源汽车（包括电动、混合动力、燃料电池）的关键技术，其主要特性要求如下。

1）高转矩密度和高功率密度，减少整车的输出恒定转矩，以适应快速起动、加速、负载爬坡要求。

2）高速时，能输出恒定功率，可有较高功率输出。

3）能够在逆变器容量不变的情况下，有较强的弱磁调速能力，是基速的 3~4 倍。

4）在整个速度范围区域都有较高的效率。

5）有一定的过载能力，在短的时间内，可输出两倍的额定转矩。

6）高可靠性和一定的鲁棒性以适应车辆环境变化。

除此之外，在电机设计阶段要考虑低噪声和低转矩脉动。车辆在城市驱动中，大部分运行在大负载的基速区间，因此一般设计最高效率点和最小噪声在基速区。

图 3-3-2 所示为典型的牵引电机驱动系统及电机输出特性。图中电机可兼作电动机和发电机运行。在电动机模式下，电机将电能转换为机械能，逆变器从动力电池获取电能供给电机，动力电池放电。在发电机模式下，电机将机械能转换为电能，通过逆变器反馈给动力电池，为动力电池充电。从图 3-3-2 所示的输出特性曲线可以看出，在基速以下电机采用恒转矩控制，即低速大转矩运行模式，一般采用单位电流输出最大转矩控制（MTPA），但最大转矩输出受逆变器的电流能力限制；在基速以上，采用恒功率控制，高速时输出转矩受逆变器的电压限制。

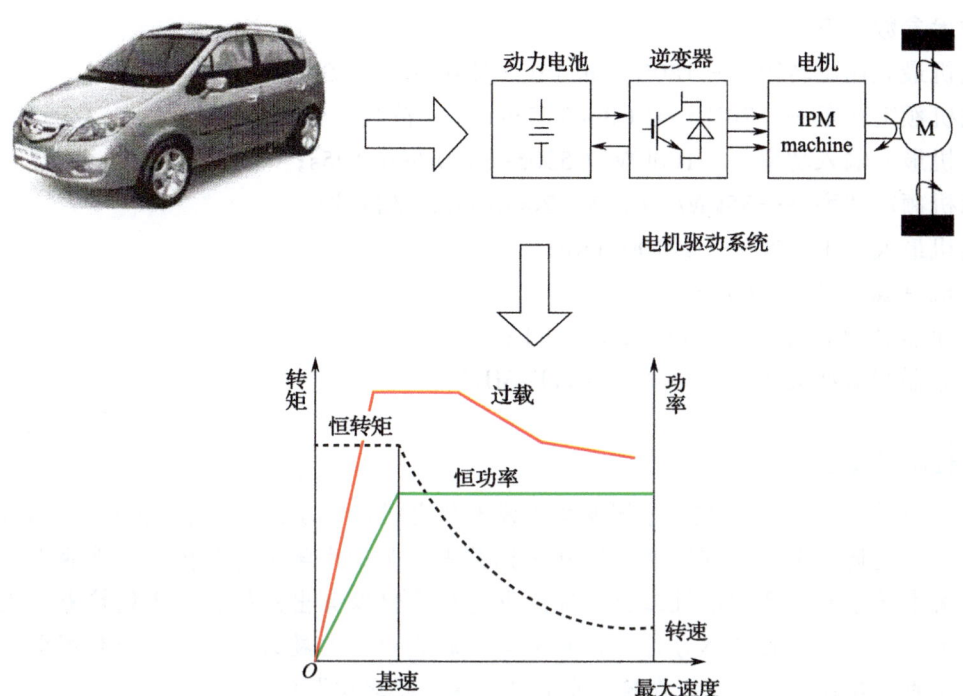

图 3-3-2　典型的牵引电机的转矩/功率-速度驱动特性

引导问题 3

请查阅相关资料，简述秦 EV 电驱动系统结构认知。

_____

_____

_____

秦 EV 电驱动系统结构认知

以 2020 款比亚迪秦 EV 为例，它采用一套"三合一"电驱动系统，也称为前驱电动总成，前驱电动总成由驱动电机、驱动电机控制器以及变速器三者集成，设置在整车前舱，如图 3-3-3 所示。其中，驱动电机主要是将驱动电机控制器提供的电能转化为机械能输出至变速器，以及将变速器输入的机械能转换为电能输出至驱动电机控制器；驱动电机控制器主要是控制动力电池与驱动电机之间能量传输的装置；变速器主要是实现对驱动电机的减速增矩作用。

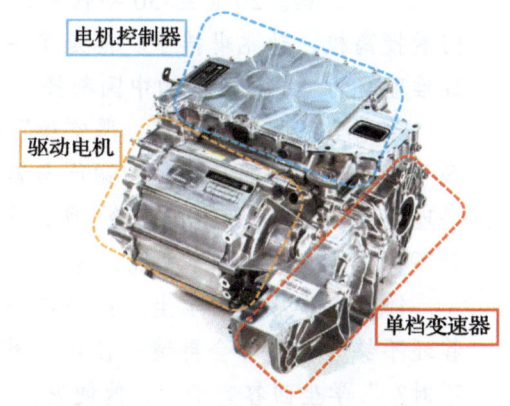

图 3-3-3　前驱电动总成零组件

技术参数如下：

电机最大输出转矩——180N·m/（0~3714r/min）/30s；

电机额定转矩——70N·m/（0~4775r/min）/持续；

电机最大输入功率——100kW/（5305~6000r/min）/5s；

电机额定功率——35kW/（4775~12000r/min）/持续；

电机最大输出转速——12100r/min；

电机总成重量——64kg；

变速器润滑油量——（0.65±0.05）L；

变速器润滑油类型——壳牌S3-ATF-MD3。

拓展阅读

20世纪20年代以前，中国基本上没有搞电机的人才，工业用电机都是进口，连技术人员都来自西方国家。随着一批批中国学子由学校走向民族工业企业，中国才开始有自己的电机工业。钟兆琳先生不仅以其出众的教学才能培养了大批优秀人才，而且身体力行，将教学与民族工业的发展结合起来，为我国电机工业的发展做出了巨大的贡献，享有"中国电机之父"的美誉。

1924年，钟兆琳留学美国康奈尔大学，师从著名教授卡拉比托夫。就读期间，钟兆琳的学位论文深为导师所欣赏，所以，卡拉比托夫经常以钟兆琳的成绩和才能来勉励其他学生。1926年春，钟兆琳获得康奈尔大学电机工程硕士学位。经导师推荐，他到美国西屋电气公司当工程师。1927年，上海交通大学电机科科长张廷玺向钟兆琳发出邀请，希望他到上海交通大学电机科任教。当时正值钟兆琳在美国春风得意、事业鹏举、生活优裕之时，激荡的爱国之心使他毅然扔下一切，立即回国。钟兆琳将回国从教一事写信告诉了他的导师，卡拉比托夫非常支持他的选择，并在复信中说"You are a teacher by nature"——你是天才型的电机工程教育家。

钟兆琳回国后，担任上海交通大学电机科教授，主讲《电机工程》并主持电机实验课程。20世纪30年代初，一直担纲《交流电机》主讲的美籍教授西门教授离校，钟兆琳接手。他是第一位讲授当时被认为最先进、概念性极强、最难理解的《电机学》的中国教授。

钟先生坚持"好实践、恶空谈"的教学思想。他深谙制造工艺，长期担任多个工厂、公司的工程师、顾问与董事，实践经验非常丰富。他讲课时，不仅讲理论，而且还介绍生产经验。所以上海交大、浙江大学凡是听过他讲课的学生，无不称赞他理论严格、系统、扎实，而且重视理论联系实际。

钟先生非常尊重学生。他经常利用课堂提问帮助学生回顾重点。当学生回答还不够时，通常会再请一位学生补充："你看他（指前面的同学）回答得对不对？"学生回答完毕后，他便说："你们的回答都很好，我再补充一点……"他喜欢用"Mr."来称呼这些半大孩子，使学生们有受尊重的感觉。提问时钟先生会注意学生们的眼神，选择那些急于表达的学生，并不会令尚在疑惑中的学生感到尴尬。钟先生在学生中的威望很高，学生信服他。钟先生把讲课当成头等重要的工作，即使当选为上海市人民代表后，只要有课，他仍坚持上课，开会可以请假。

新中国成立后，钟先生高兴万分。他虽然对共产党还不是十分了解，但从解放军在上海的严明纪律、清廉作风和对教育的重视上，他意识到这是一个了不起的政党。因而当上海交大党组织请他继续担任电机系主任时，他愉快地接受并表示：一定做得更好，为新中国培养更多的科技人才。由于学校迅速扩招，为了了解学生的具体情况，他逐一检阅了学生档案，无论在哪个班级上课，都能准确叫出每个学生的姓名，说出他们的家庭情况及父名。甚至时隔多年后，他仍能叫出学生名字、说出毕业年份。为了改进教学，他向组织建议："一、直观教材极能增加学生之了解能力，拟收集直观教材方面的资料；二、工业生与学校必须密切合作，俾得顺利开展科学研究工作。对此事我拟作多方面的考察；三、电机的试验方法我亦拟多加时间研究，因为我感觉国内生产工厂试验设备太缺乏，太不注意，必须积极地加以改进。"这三个建议已涉及教育和生产劳动相结合，工业发展要以科学和教育的发展为前导这一辩证命题。

1954年，国务院决定上海交通大学内迁至西安。钟先生对此非常赞成并积极支持。1956年搬迁时，周恩来总理提出，钟先生年龄较大，身体不好，夫人又卧病在床，可以留在上海。但他表示"上海经过许多年发展，西安无法和上海相比，正因为这样，我们要到西安办校扎根，献身于开发共和国的西部"，"共和国的西部像当年美国的西部一样需要开发。如果从交大本身讲，从个人生活条件讲，或许留在上海有某种好处。但从国家考虑，应当迁到西安，当初校务委员会开会表决时我是举手赞成了的，大学教师是高层的知识分子，决不能失信于人，失信于西北人民"。他踊跃报名，卖掉了上海住宅，把瘫痪在床的夫人安顿在上海，由小女侍奉，自己孤身一人第一批到了西安。他的表率作用，鼓舞、激励着电机系及上海交大的许多师生，为上海交大的顺利西迁做出了贡献。

学校刚迁到西安时，条件十分简陋，下雨天道路泥泞不堪，生活极为不便。年近花甲又患多种慢性病的钟先生，孤身一人，生活之艰辛可想而知。但就是在这种条件下，他第一个到教室给学生上课。那时学校没有实验室，整个西安也难以找到一个像样的电机厂。但作为系主任的他，事必躬亲，迎难而上，勤勤恳恳，脚踏实地，克服了一个又一个的困难。在他的建议下，西安交通大学电机系增添了电机制造方面的设备，建立了全国高校中第一个电机制造实验室，使西安交大电机系成为国内基础雄厚、条件较好、规模较大、设备较完善的电机系。

钟兆琳先生高尚的人格、强烈的爱国心、信守承诺的品质、无私奉献的精神，深深地感染着每一个人；他身上体现出来的老一代知识分子的崇高民族气节，嶙嶙傲骨、光明磊落、淡泊人生、正气凛然的高贵品质，治学严谨、诲人不倦、

正直坦率、艰苦朴素的优良作风,是我们后辈学习的楷模。钟先生几十年如一日,执着于教育事业;一生实事求是、追求真理、坚持讲真话的大无畏精神,在当今社会更是弥足珍贵,更让人敬佩不已。钟兆琳是不可多得的一流教育家,他为中国的电机事业奋斗了一生,为民族电机制造业的开创和发展、为我国电机工程人才的培养做出了巨大贡献。钟兆琳先生是当之无愧的中国电机之父。

今天,为了纪念钟兆琳先生,为了教育后世学子,西安交通大学决定将钟先生辛勤耕耘一生的电机制造实验室更名为"钟兆琳电机工程实验室"。

任务分组

学生任务分配表见表 3-3-1。

表 3-3-1 学生任务分配表

班级		组号		指导老师	
组长		学号			
组员角色分配					
信息员		学号			
操作员		学号			
记录员		学号			
安全员		学号			
任务分工					

(就组织讨论、工具准备、数据采集、数据记录、安全监督、成果展示等工作内容进行任务分工)

工作计划

按照前面所了解的知识内容和小组内部讨论的结果,制定工作方案,落实各项工作负责人,如任务实施前的准备工作、实施中主要操作及协助支持工作、实施过程中相关要点及数据的记录工作等,见表 3-3-2。

表 3-3-2　工作计划表

步骤	工作内容	负责人
1		
2		
3		
4		
5		
6		
7		
8		

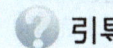 进行决策

1）各组派代表阐述资料查询结果。
2）各组就各自的查询结果进行交流，并分享技巧。
3）教师对各组的计划方案进行点评。
4）各组长对组内成员进行任务分工，教师确认分工是否合理。

任务实施

引导问题 4

扫描二维码观看视频，了解新能源汽车动力总成拆装与检测元件拆卸过程，并简述操作要点。
_____
_____

新能源汽车动力总成
拆装与检测元件拆卸

引导问题 5

扫描二维码观看视频，了解新能源汽车动力总成拆装与检测元件装配过程，并简述操作要点。
_____
_____

新能源汽车动力总成
拆装与检测元件装配

参考操作视频，按照规范作业要求完成相应的操作步骤，完成数据采集并记录。如表 3-3-3、表 3-3-4 所示。

表 3-3-3　实训准备

序号	设备及工具名称	数量	设备及工具是否完好
实训准备			
1	比亚迪秦 EV	1 辆	□是　□否
2	车内四件套	1 套	□是　□否
3	车外三件套	1 套	□是　□否
4	万用表	1 台	□是　□否
5	三层工具车	1 辆	□是　□否
6	安全防护套装	1 套	□是　□否
7	警示牌	1 套	□是　□否
8	灭火器	1 套	□是　□否
9	龙门举升机（4t）	1 台	□是　□否
10	一体化集成工量具	1 套	□是　□否
质检意见	原因：		□是　□否

表 3-3-4　前驱电动总成的拆卸

序号	步骤	记录	完成情况
前驱电动总成的拆卸			
1	准备工作 （1）检查耐磨手套有无明显破损，如有破损，需进行更换 （2）检查万用表外观有无破损 （3）检查红黑表笔外观有无破损 （4）连接万用表红黑表笔并调至电阻档，万用表校表 （5）检查绝缘手套有无破损		□已完成 □未完成
2	前驱电动总成的拆装前准备 （1）将车辆正确停放至工位，放置车轮挡块 （2）按下钥匙解锁键进行车辆解锁 （3）打开车门 （4）规范铺设车内四件套 （5）进入车内，踩下制动踏板，按下起动开关 （6）按下驾驶位车窗按钮，降下驾驶位车窗，以防车辆意外断电造成车门误锁 （7）拉前舱盖开关，打开前舱盖 （8）规范铺设车外三件套		□已完成 □未完成
3	车辆举升 （1）将举升臂调至举升位置 （2）举升离地 30~50cm，摇晃车辆前后，检查举升稳定 （3）将车辆举升合适高度 （4）在车辆四个举升臂下方放置四个安全柱并检查其是否稳固		□已完成 □未完成

（续）

序号	步骤	记录	完成情况
4	前驱电动总成的拆卸 注意事项：在拆分过程中，请注意保护好所有零部件，做好收纳工作，防止零部件被意外损坏 （1）执行低压电气系统下电 （2）执行高压电气系统下电，并验电 （3）排放齿轮油，在动力总成拆卸前，打开放油螺塞组件，将变速器腔体内的润滑油排放干净，再带上放油螺塞组件，防止在拆卸过程中，异物掉入变速器腔体内 （4）排出冷却液，在进水口用气枪将冷却水道内的水从出水口排出 （5）拆卸电动压缩机支架总成 （6）拆卸真空泵安装支架Ⅱ总成 （7）拆卸左前传动半轴总成 （8）拆卸右前传动半轴总成 （9）拆卸充配电总成 （10）拆卸电动水泵和支架总成 （11）拆卸2个弹性卡箍，拔出2根水管 （12）拆卸前驱电机总成 （13）拆卸2个固定螺栓，断开搭铁 （14）撬开2个线束卡扣 （15）断开1个插接件 （16）拆卸动力总成左悬置支座总成 （17）拆卸动力总成右悬置支座总成 （18）拆卸动力总成后悬置支座总成 （19）取下前驱电机总成		□已完成 □未完成
5	实训现场整理		□已完成 □未完成
总结 提升			□已完成 □未完成
质检 意见	原因：		□已完成 □未完成

评价反馈

1）各组代表展示汇报PPT，介绍任务的完成过程。

2）请以小组为单位，对各组的操作过程与操作结果进行自评和互评，并将结果填入综合评价表（表3-3-5）中的小组评价部分。

3）教师对学生工作过程与工作结果进行评价，并将评价结果填入综合评价表中的教师评价部分。

表 3-3-5 综合评价表

班级			组别		姓名		学号	
实训任务								
评价项目			评价标准				分值	得分
小组评价	计划决策		制定的工作方案合理可行,小组成员分工明确				10	
	任务实施		能够正确检查并设置实训工位				5	
			能够准备和规范使用工具设备				5	
			能够正确完成新能源汽车动力总成的拆装及检测元件拆卸				20	
			能够正确完成新能源汽车动力总成的检测元件装配				20	
			能够规范填写任务工单				10	
	任务达成		能按照工作方案操作,按计划完成工作任务				10	
	工作态度		认真严谨、积极主动,安全生产,文明施工				10	
	团队合作		小组组员积极配合、主动交流、协调工作				5	
	6S 管理		完成竣工检验、现场恢复				5	
			小计				100	
教师评价	实训纪律		不出现无故迟到、早退、旷课现象,不违反课堂纪律				10	
	方案实施		严格按照工作方案完成任务实施				20	
	团队协作		任务实施过程互相配合,协作度高				20	
	工作质量		能准确完成本节的实训任务				20	
	工作规范		操作规范,三不落地,无意外事故发生				10	
	汇报展示		能准确表达、总结到位、改进措施可行				20	
			小计				100	
综合评分			小组评价分 ×50% + 教师评价分 ×50%					
总结与反思								

(如:学习过程中遇到什么问题→如何解决的 / 解决不了的原因→心得体会)

新能源汽车构造

能力模块四

掌握充电系统构造与拆装方法

任务一　认知充电系统的工作原理与结构

学习目标

- 认识新能源汽车主要的充电方式。
- 掌握交流充电系统的组成与作用。
- 掌握交流充电系统的工作原理。
- 具备完成秦 EV 安全充电操作的能力。
- 了解充电过程中可能存在的安全问题，树立安全意识，培养敬业精神。

知识索引

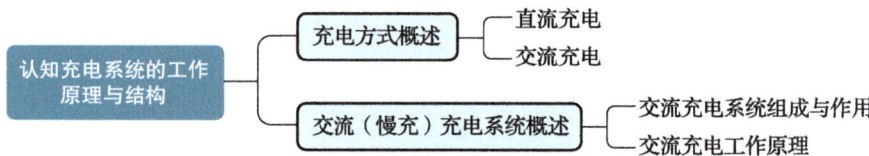

情境导入

交流充电桩通过电动汽车内置的"车载充电机"，将电网的交流电转换为直流电后对动力电池充电。交流充电输出电流小，充电速度慢，所以被称为"慢充"。你对"慢充"了解多少呢？

获取信息

 引导问题 1

请查阅相关资料，简述新能源汽车充电方式有哪些？

_____
_____
_____

充电方式概述

随着新能源汽车的使用越来越广，充电需求也越来越多，对车辆充电的安全性和便利性提出越来越高的要求。便利、安全、快速的充电是目前一致的需求。

目前新能源汽车最为常见的充电方式：一是交流充电方式，即为慢充；二是直流充电方式，即为快充。对于不同的充电系统，其组成、充电过程、故障检修都各有不同。

一、直流充电

直流充电是指使用直流充电设备直接给新能源汽车的动力电池补充能量的方式。直流充电设备是直接安装固定在户外，接入电网，为新能源汽车的动力电池提供直流电源的充电装置，可直接为新能源汽车的电池充电。直流充电设备可以从功率大小、充电枪的多少、结构形式、安装方式等不同维度进行分类。

二、交流充电

交流充电是指直接用民用电网 220V 交流电，通过交流充电枪连接车辆给新能源汽车的动力电池充电。根据交流充电桩的安装方式，可分为便携式、落地式、壁挂式三种交流充电设备。交流充电设备给新能源汽车提供 220V 的交流电，通过车载充电机 OBC 升压、整流后输出动力电池所需要的直流电。图 4-1-1 所示为交流充电过程示意图。

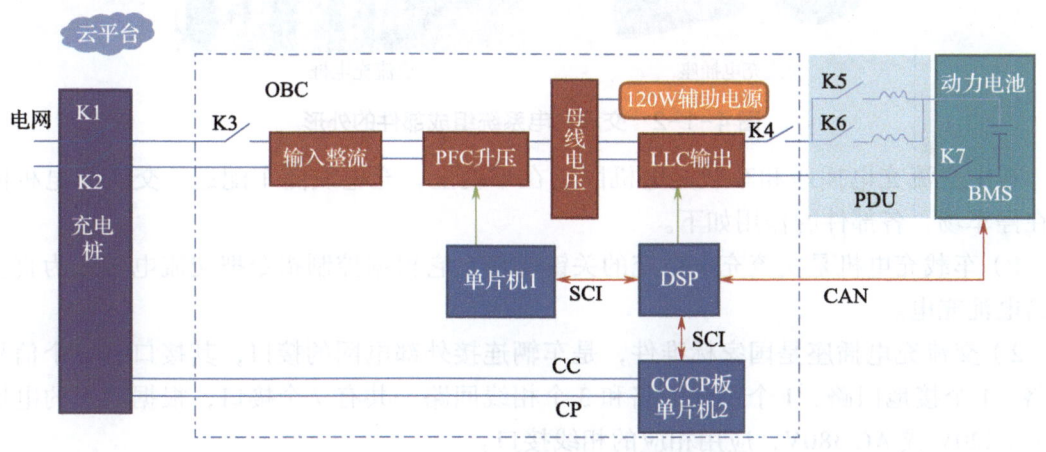

图 4-1-1　交流充电过程示意图

引导问题 2

请查阅相关资料，简述新能源汽车交流（慢充）充电系统的组成有哪些？
_____
_____
_____

交流（慢充）充电系统概述

一、交流充电系统组成与作用

交流充电指电网输入给车辆的电压为交流电，可以是 AC 220V 单向电或 AC 380V 三相电。通过交流充电桩连接新能源汽车的交流充电口，并通过车载充电机（简称 OBC）对交流电进行升压并转化为直流电，然后通过 OBC 内部的整流模块整流成符合该车辆所需要的电压对车载动力电池充电。该过程称为交流充电，也称为慢充。

交流充电系统的部件主要有车载充电机、交流充电插座（交流充电插座线束）、充电线、交流充电桩或 220V 交流电源和车辆控制器（VCU、BMS）等，图 4-1-2 为各部件外形图。

图 4-1-2　交流充电系统组成部件的外形

其中交流充电插座和车载充电机固定在车辆上，充电线随车配送，交流充电桩固定在停车场，各部件的作用如下。

1）车载充电机是交流充电系统的关键部件，它根据控制指令把交流电转化为直流电给电池充电。

2）交流充电插座是国家标准件，是车辆连接外部电网的接口，其接口有 2 个信号回路、1 个接地回路、1 个零线回路和 3 个相线回路一共有 7 个接口，根据输入的电压是 AC 220V 或 AC 380V，应用相应的相线接口。

3）车辆控制器实时监控车辆的状态，并发出控制指令给车载充电机，使其正常工作或停止工作，控制其工作电流和电压等，是车辆充电的控制大脑。

4）模式 2 充电线是连接外部电网和车辆的充电线，直接给车载充电机提供 AC 220V 电源。其线缆上的功能盒可检测车辆和电网状态，连接或断开给车辆的供电，具有一定的保护功能。根据标准要求其输入的充电电流限制在 13A 以内，输入电压为 220V 的交流电压，所以采用模式 2 的充电线充电时，车载充电机的输入最大功率为 2860W，即充电时间会延长。

5）交流充电桩也是车辆连接外部电网的部件，直接给车载充电机提供 AC 220V 或 AC 380V 电源。它也具有检测车辆和电网状态，连接或断开给车辆供电的功能。充电桩的供电电压有 AC 220V 和 AC 380V，根据充电桩的输出功率而定。根据标准要求，如交流充电桩的输出电流大于 32A 时，供电电压必须采用 AC 380V。因此采用交流充电桩充电时，充电功率较大，即充电时间会缩短。

二、交流充电工作原理

新能源汽车的动力电池的充电过程由 BMC 进行实时监测和保护。车载充电机工作状态及指令均由 BMC 发出的指令进行控制，包括工作模式指令及动力电池允许充电的最大电压、允许充电最大电流、电池包加热状态的电流值等。交流充电系统原理示意图如图 4-1-3 所示。

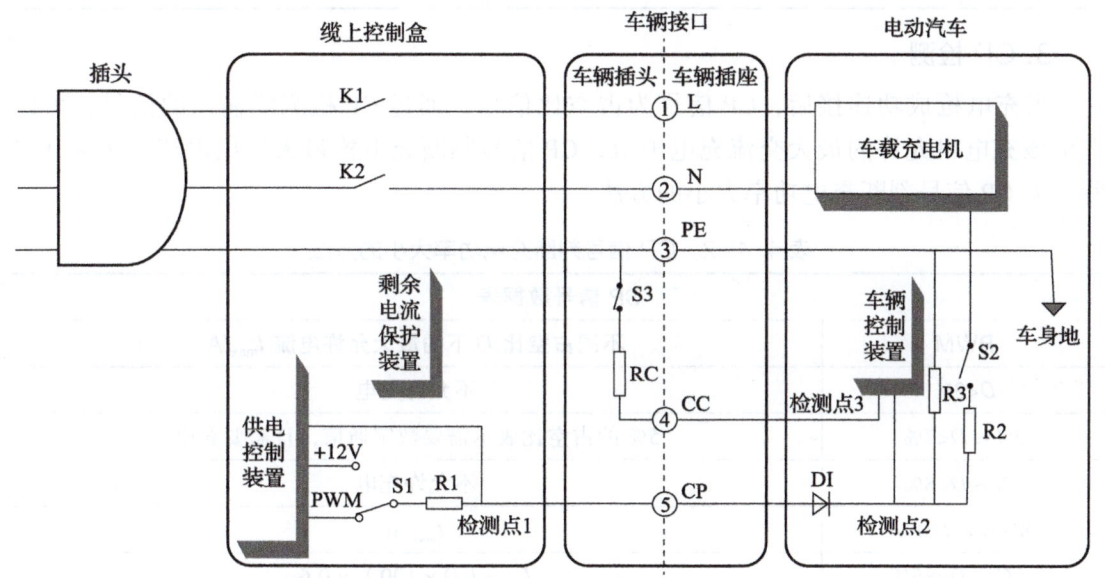

图 4-1-3　交流充电系统原理示意图

1. 交流充电 CC/CP 控制逻辑

点火开关处于 OFF 档时，当车辆插入交流充电枪后，CC 检测由悬空变为接地，通过检测点 3 与 PE 间电阻来判断车辆插头与车辆插座连接状态，确认当前充电连接装置（电缆）的额定功率并点亮充电连接指示灯。通过测量检测点 2 的 PWM 信号占空比确认当前供电设备的最大供电电流，当车辆检测到充电枪输出占空比时，允许车辆充电。

当车辆处于交流充电模式下时，车载充电机检测交流充电接口的 CC、CP 信号（充电枪插入、导通信号）并唤醒 BMC，BMC 检查车载充电机状态并发送指令充电，同时 BMC 控制电池包内部正负极接触器闭合，动力电池开始充电。

2. CC 检测

通过对接入电路（接地）的检测来判断 CC 是否连接，如检测到压降则认为 CC 已经连接。CC 与 PE 的信号判断充电枪的功率大小及最大充电电流。CC 与 PE 的阻值判断充电功率见表 4-1-1。

表 4-1-1　CC 与 PE 的阻值判断充电功率

CC 与 PE 的阻值判断充电功率及最大充电电流			
电阻	交流充电的最大电流	充电功率	备注
1.5kΩ	10A	随车充电器	
680Ω	16A	3.3kW 充电桩	
220Ω	32A	7kW 充电桩	
100Ω	63A	三相交流充电桩	
2kΩ	放电功能（VTOL）	放电功率 3.3kW	秦 EV 车型不具备此功能
220Ω	放电功能 32A（VTOV）	放电功率 7kW	
100Ω	放电功能 63A（VTOG）	放电功率 40kW	

3. CP 检测

当充电枪成功连接后，CP 信号为占空比信号，通过 CP 检测线输入的信号，可以得出该充电机允许的最大交流充电电流，CP 信号判断充电枪最大输出电流。表 4-1-2 所示为 CP 信号判断充电功率大小的方法。

表 4-1-2　CP 信号判断充电功率大小的方法

CP 信号数据表	
PWM	不同占空比 D 下的最大允许电流 I_{max}/A
$D<3\%$	不允许充电
$3\%\leq D<7\%$	5% 的占空比表示需要数字通信，且需要充电
$7\%\leq D<8\%$	不允许充电
$8\%\leq D<10\%$	$I_{max}=6$
$10\%\leq D<85\%$	$I_{max}=(D\times100)\times0.6$
$85\%\leq D<90\%$	$I_{max}=(D\times100-64)\times2.5$，且 $I_{max}\leq63$
$90\%\leq D<97\%$	预留
$D\geq97\%$	—

4. 新能源汽车交流充电条件

1）交流充电枪与交流充电口连接确认信号正常。

2）车载充电机供电电源正常（含 AC 220V 和充电枪端的 DC 12V）及车载充电机低压控制线束和本体正常。

3）充电唤醒信号输出正常（DC 12V）。

4）车载充电机、整车控制器、BMS 之间通信正常，电池包正、负极接触器闭合，BMC 向车载充电机发送电流强度需求的指令。

5）动力电池单体之间的最高温度与最低温度差不超过 5℃，且单体电池的温度 >5℃。

6）单体电池最高电压与最低电压差＜0.03V（30mV）。

7）电池组的绝缘阻值＞500Ω/V。

8）高、低压电路连接正常（远程控制开关关闭状态）。

提示： 交流充电设备用电功率不能超过家庭电网的负载上限，以免引起电网损坏或烧毁。

📖 拓展阅读

新能源汽车"起火"怎么办？新能源汽车起火的根本原因是动力电池所引起的，不管是在行驶时还是在充电过程当中，由于热失控导致电池自燃的事例，可以说比比皆是。可能许多人并不知道，纯电动汽车之所以起火，最主要是由两个方面原因造成：一是充电起火，一是碰撞起火。

1. 充电起火

新能源汽车电池在充电的情况下，由于大电流的充电，从而导致电池内部电流过高、过热的情况时有发生。如果此时 BMS 的管理控制功能不足，就容易导致火灾发生。新能源汽车在充电的过程中，一定要选择智能充电桩，并且经常对新能源汽车动力电池进行保养和检测。一旦发现动力电池有任何的异常问题，马上到正规维修点进行维修处理。

2. 碰撞起火

这个原因也很简单，最重要的场景是底盘被磕碰之后，动力电池包发生碰撞，或者汽车发生交通事故之后，电池包受损，这些都有可能导致电池起火。因此，新能源汽车车主在遇到车祸发生之时，不管底盘有没有磕破，为了人身安全都需要到正规4S店进行查看。

如果任何一种情况下发生汽车起火，此时需要冷静处理。如果车上有灭火装置的话，首先考虑自行灭火，如果无法灭火，要远离电动汽车，同时拨打119进行报警求助。在确保人身安全的情况下，将损失减到最少。

电动汽车起火事故主要由锂电池组件引起，这与传统的燃油车防火灾方法有很大差别。驾乘人员需要有良好的安全防范意识，并且相关准备性训练是非常有必要的。

电动汽车发生自燃情况时，其消防灭火方式与传统的燃油车有显著的差别，需要注意以下几点。

1）首先切断电源，保持安全距离。如果电池在充电过程中出现高热、表面鼓胀、冒烟等现象时，预示着该电池将很快发生自燃，甚至发生爆炸，必须在第一时间切断电源。车内人员立即疏散离开，如果车门无法打开，可以从风窗玻璃处逃离，并与汽车保持安全距离。

2）降温灭火措施。与传统的燃油车自燃事故处置不同，对于电动汽车因锂离子电池引发的火灾，属于一种化学燃烧，最好的办法是降温冷却。锂离子电池中，锂以氧化物或盐的形式存在，对水具有较强的惰性，因此用水扑救是安全的。

注意：锂离子电池与锂金属电池处理不当会导致汽车锂电池持续高温，会进一步促使化学反应加剧，此时内部温度将急速升高，电解质气体大量积聚，进而引发电池的爆炸，其威力和破坏性比电池平静的自燃更可怕。因此，需要及时地对电池组件给与连续冷却，避免其内部持续发生化学反应，燃烧不止。因而，当火灾发生时，用消防车辆对电池进行喷水冷却是最好的灭火方式。即使出现了明火，也要避免使用泡沫灭火器对电池喷射，因为喷出的泡沫附着在电池外围形成热绝缘体，从而增加化学反应，产生更多的热量，更易发生爆炸。对于锂金属电池需要专用的 D 类灭火器。

3）在条件允许的情况下，迅速移开发生自燃的电池周围的可燃物，同时注意观察和防范火灾中出现的有毒气体、触电和爆炸等问题。锂电池发生自燃后，产生高温的电解质烟雾和蒸气，其密度大于空气，因此可以沿着地面迅速向周边扩散，引燃周围的可燃物，进而引起更大范围的火灾。

4）拨打火警电话，防止火灾扩散，及时交通疏导。

当生活中遇到紧急危险时，我们要保持冷静，科学应对，平时进行必要的应急准备训练，可以在危险来临时最大程度地减少损失或伤亡。

任务分组

学生任务分配表见表 4-1-3。

表 4-1-3　学生任务分配表

班级		组号		指导老师	
组长		学号			
组员角色分配					
信息员		学号			
操作员		学号			
记录员		学号			
安全员		学号			
任务分工					
（就组织讨论、工具准备、数据采集、数据记录、安全监督、成果展示等工作内容进行任务分工）					

| 姓名 | 班级 | 日期 | 能力模块四　掌握充电系统构造与拆装方法 |

📝 工作计划

按照前面所了解的知识内容和小组内部讨论的结果，制定工作方案，落实各项工作负责人，如任务实施前的准备工作、实施中主要操作及协助支持工作、实施过程中相关要点及数据的记录工作等，见表4-1-4。

表4-1-4　工作计划表

步骤	工作内容	负责人
1		
2		
3		
4		
5		
6		
7		
8		

进行决策

1）各组派代表阐述资料查询结果。
2）各组就各自的查询结果进行交流，并分享技巧。
3）教师对各组的计划方案进行点评。
4）各组长对组内成员进行任务分工，教师确认分工是否合理。

任务实施

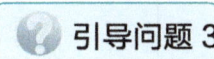 引导问题3

扫描二维码观看视频，了解比亚迪秦EV的车载充电机相关故障件的更换过程，并简述操作要点。

_____
_____
_____

车载充电机相关故障件的更换（秦EV）

参考操作视频，按照规范作业要求完成相应的操作步骤，完成数据采集并记录。如表4-1-5、表4-1-6所示。

表4-1-5　实训准备

实训准备			
序号	设备及工具名称	数量	设备及工具是否完好
1	比亚迪秦EV	1辆	□是　□否

（续）

序号	设备及工具名称	数量	设备及工具是否完好
2	安全防护套装	1套	□是 □否
3	警示牌	1套	□是 □否
4	灭火器	1套	□是 □否
5	交直流充电桩	1套	□是 □否
质检意见	原因：		□是 □否

表 4-1-6　秦 EV 安全充电操作

秦 EV 安全充电操作			
序号	步骤	记录	完成情况
1	整车处于下电且解锁状态，按压车辆尾部右侧的充电口盖，充电口盖自动打开		□已完成 □未完成
2	打开车辆充电口保护盖（直流充电口在车头前方，交流充电口在右后方），慢充则打开慢充保护盖，快充则打开快充保护盖		□已完成 □未完成
3	按下充电枪上的锁止按键（一般在充电枪的把手顶部），将充电枪插入车辆充电口中，然后松开锁止按键		□已完成 □未完成
4	将充电枪垂直插入充电口中，充电口上的指示灯亮起（绿色）即表示开始充电		□已完成 □未完成
5	充完电以后，需要先断电，再拔充电枪		
6	如果车辆没有上锁，则直接按压充电枪锁止按键即可拔出充电枪		
7	如果车辆已上锁，那么可以通过携带钥匙按压车门上的微动开关或者按压钥匙上的解锁按键，解锁后再按压充电枪锁止按键即可拔出充电枪		
8	关上充电口保护盖，关闭充电口盖即完成充电		
9	**实训现场 6S 整理**		□已完成 □未完成
总结提升			□已完成 □未完成
质检意见	原因：		□已完成 □未完成

评价反馈

1）各组代表展示汇报 PPT，介绍任务的完成过程。

2）请以小组为单位，对各组的操作过程与操作结果进行自评和互评，并将结果填入综合评价表（表 4-1-7）中的小组评价部分。

3）教师对学生工作过程与工作结果进行评价，并将评价结果填入综合评价表中的教师评价部分。

表 4-1-7 综合评价表

班级		组别		姓名		学号	
实训任务							
评价项目		评价标准				分值	得分
小组评价	计划决策	制定的工作方案合理可行，小组成员分工明确				10	
	任务实施	能够正确检查并设置实训工位				5	
		能够准备和规范使用工具设备				5	
		能够正确完成车载充电机故障件的更换前的准备工作				20	
		能够正确完成秦 EV 车载充电机相关故障件的更换				20	
		能够规范填写任务工单				10	
	任务达成	能按照工作方案操作，按计划完成工作任务				10	
	工作态度	认真严谨、积极主动，安全生产，文明施工				10	
	团队合作	小组组员积极配合、主动交流、协调工作				5	
	6S 管理	完成竣工检验、现场恢复				5	
		小计				100	
教师评价	实训纪律	不出现无故迟到、早退、旷课现象，不违反课堂纪律				10	
	方案实施	严格按照工作方案完成任务实施				20	
	团队协作	任务实施过程互相配合，协作度高				20	
	工作质量	能准确完成本节的实训任务				20	
	工作规范	操作规范，三不落地，无意外事故发生				10	
	汇报展示	能准确表达、总结到位、改进措施可行				20	
		小计				100	
综合评分		小组评价分 ×50% + 教师评价分 ×50%					
总结与反思							
（如：学习过程中遇到什么问题→如何解决的/解决不了的原因→心得体会）							

任务二 拆装充电系统

学习目标

- 掌握直流充电系统的结构。
- 掌握直流充电系统的工作原理。
- 掌握秦 EV 直流充电口的更换过程。
- 具备检查与紧固新能源汽车慢充充电系统的能力。
- 了解新能源汽车补能市场的发展趋势,在开拓视野的同时建立对新能源汽车产业链的基础认知。

知识索引

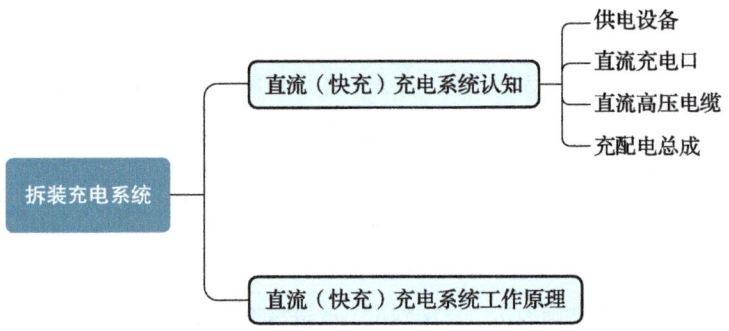

情境导入

充电桩分为交流充电桩和直流充电桩。前者俗称"慢充",后者俗称"快充"。直流充电桩内置大功率直流充电模块,充电桩本身将电网的交流电转换为直流电,输出电流可以高达 100A 以上,所以被称为"快充"。你了解"快充"的工作原理吗?

姓名　　　班级　　　日期　　　　　　　　能力模块四　掌握充电系统构造与拆装方法

📩 获取信息

> **❓ 引导问题 1**
>
> 　　通常，新能源汽车充电采用直流式充电比交流式充电时间更短，很多车主乐意去直流充电桩充电，请问你对新能源汽车的直流充电系统有哪些了解？它的主要组成有哪些？
>
> _____
> _____
> _____

直流（快充）充电系统认知

　　直流充电是指使用直流充电设备直接给新能源汽车的动力电池补充能量的方式。直流充电桩输出 DC 500V 的直流电，通过充配电总成的直流充电正负极接触器后给动力电池充电。

　　在直流充电模式下，充电系统主要由直流充电桩、直流充电接口、直流充电高压线束、充配电总成（以秦 EV 为例称为充配电总成，其他车型例如吉利 EV450 称为车载分线盒，不同车型集成程度不同）、动力电池等组成。

一、供电设备

　　充电桩功能类似于加油站里面的加油机，直流桩的输入端与交流电网 380V 三相电直接连接，内部直接将高压交流电转化为高压直流电，输出端装有充电枪用于连接直流充电口。如图 4-2-1 是直流充电桩。

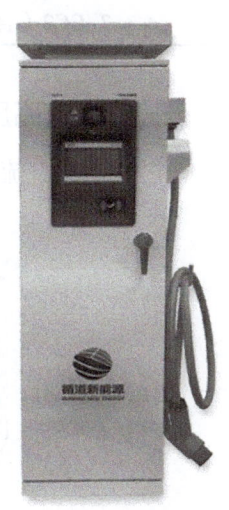

图 4-2-1　直流充电桩

二、直流充电口

1. 直流充电口

　　通过直流充电柜的直流充电口将高压直流电供给动力电池充电，直流充电口结构如图 4-2-2 所示。

　　图 4-2-2 中的注释如下。

　　DC-：高压输出负极，经过高压控制盒快充负继电器，输出到动力电池高压负极。

　　DC+：高压输出正极，经过高压控制盒快充正继电器，输出到动力电池高压正极。

　　PE（GND）：车身搭铁，接车身。

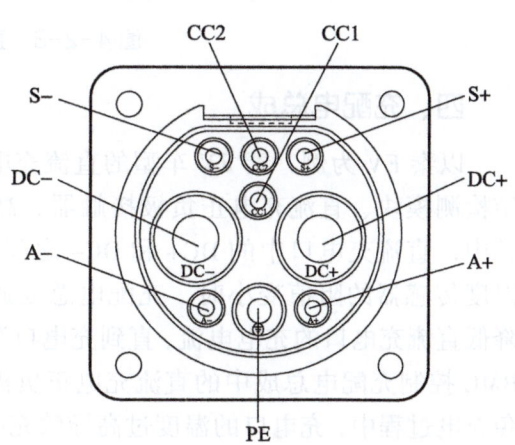

图 4-2-2　直流充电口结构图

A-：低压辅助电源负极，接蓄电池负极。

A+：低压辅助电源正极，为 12V 快充唤醒信号。

CC1：直流连接确认线，属内部电路，CC1 与 PE 之间有一个 1000Ω 的电阻。

CC2：直流连接确认线。

S+：直流 CAN-H，与动力电池管理系统（BMS）及数据采集终端通信。

S-：直流 CAN-L，与动力电池管理系统（BMS）及数据采集终端通信。

2. 直流充电口端子

直流充电口端子测量见表 4-2-1。

表 4-2-1　直流充电口端子测量

1~A-（低压辅助电源负）	4~CC1（车身地）1kΩ±30Ω
2~A+（低压辅助电源正）	5~S-（CAN-L）
3~CC2（直流充电感应信号）	6~S+（CAN-H）

三、直流高压电缆

它是连接直流充电口与高压电控总成之间的线束，如图 4-2-3 所示。

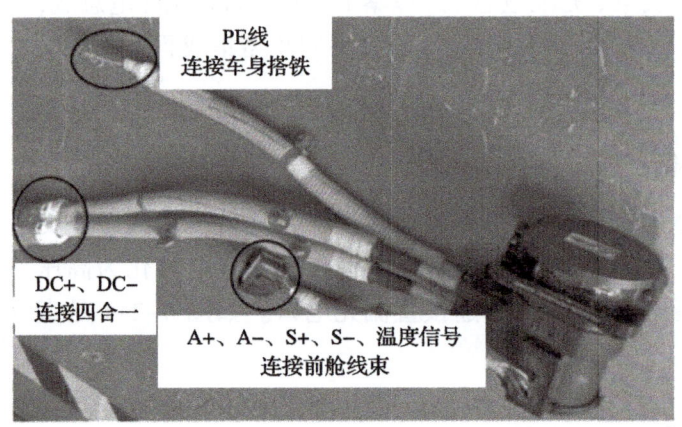

图 4-2-3　直流充电高压线束

四、充配电总成

以秦 EV 为例，秦 EV 车型的直流充电系统由直流充电口、充配电总成中的直流烧结检测模块、直流充电正负极接触器、高压电缆、低压控制线束以及动力电池组成。其中，直流充电口中的 DC+ 和 DC- 之间安装有 2kΩ 热敏式温度传感器，当充电口的温度传感器的阻值变小时，充配电总成通过动力 CAN 与电池管理器 BMC 进行通信，降低直流充电口的充电电流，直到充电口温度降至正常范围内。若充电口温度持续上升，BMC 控制充配电总成中的直流充电正负极接触器将断开，停止给动力电池充电，以避免充电过程中，充电口的温度过高导致充电口熔化，造成安全隐患，保证车辆充电安全。图 4-2-4 所示是秦 EV 车型直流充电系统。

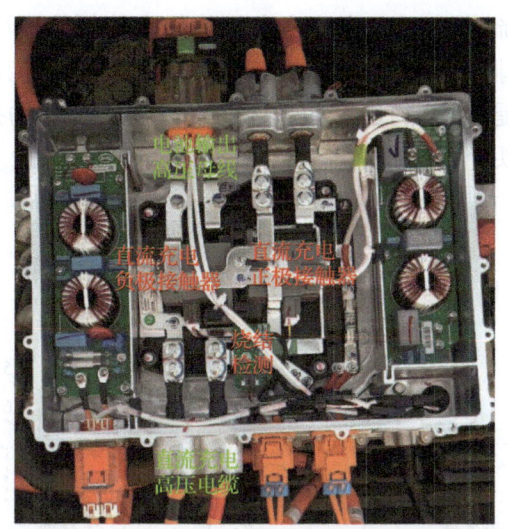

图 4-2-4　秦 EV 车型直流充电系统

秦 EV 车型的直流充电口安装在车标后面，按压车标即可打开直流充电口。充电口包括高压电缆及低压控制线束，图 4-2-5 所示为秦 EV 车型直流充电口。

图 4-2-5　秦 EV 车型直流充电口

引导问题 2

请查阅相关资料，简述新能源汽车直流（快充）充电系统工作过程？

_____

_____

_____

直流（快充）充电系统工作原理

直流充电的基本过程：在动力电池的两端加载直流电压，以恒定大电流对电池充电，电池的电压渐渐地缓慢地上升，上升到一定程度，电池电压达到标称值，SOC 在 88% 时（针对不同电池，不同主机厂的控制策略不一样），自动转为恒压充电，降低充电电流。

当直流充电桩输出的电流 <5A 时，直流充电桩将停止给新能源汽车充电。

如图 4-2-6 所示，非车载充电机（即直流充电桩）和新能源汽车二者通过车辆直流充电口相连。S 开关是一个常闭开关，与直流充电枪头上的按键（即机械锁）相关联，当我们按下充电枪头上的按键，S 开关即打开。而 $U1$、$U2$ 是一个 12V 上拉电压，$R1$~$R5$ 是阻值约 1000Ω 的电阻，$R1$、$R2$、$R3$ 在充电枪上，$R4$、$R5$ 在车辆插座上。

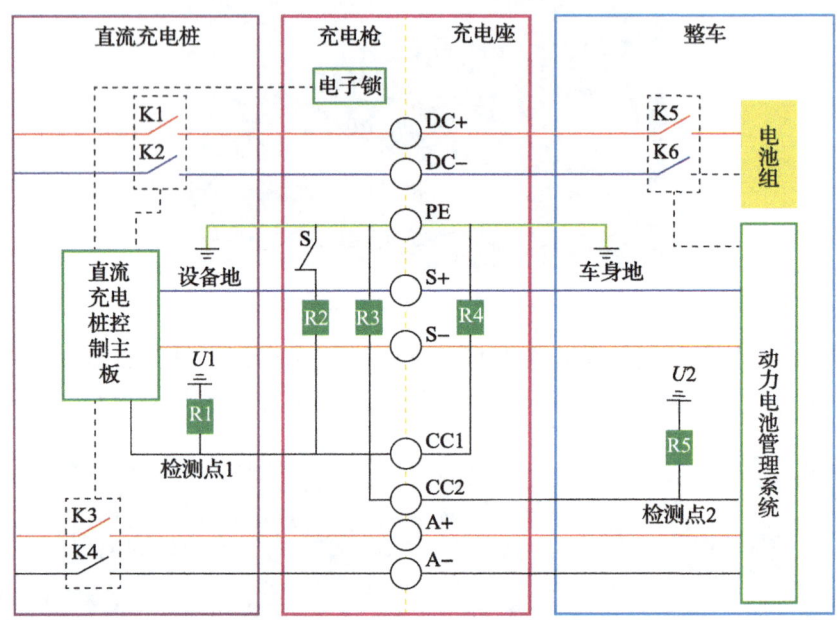

图 4-2-6　直流充电工作原理图

1. 车辆充电口连接确认阶段

当我们按下枪头按键，将直流充电枪插入直流充电口内，再放开枪头按键。充电桩的检测点 1 将检测到 12V—6V—4V 的电平变化。一旦检测到 4V，充电桩将判断充电枪插入成功，车辆接口完全连接，并将充电枪中的电子锁进行锁定，防止枪头脱落，图 4-2-7 所示为直流充电连接成功的图标。

图 4-2-7　直流充电连接成功

2. 直流充电桩自检阶段

在车辆接口完全连接后，充电桩将闭合 K3、K4，使低压辅助供电回路导通，为新能源汽车控制装置供电（也有的车辆控制装置不需要供电，车辆得到供电后，控制装置将根据监测点 2 的电压判断车辆接口是否连接，若电压值为 6V，则车辆控制装置开始周期发送通信握手报文）。接着闭合 K1、K2，进行绝缘检测。所谓绝缘检测，即检测 DC 线路的绝缘性能，保证后续充电过程的安全性。绝缘检测结束后，控制装置将接上泄放回路泄放能量，并断开 K1、K2，同时开始周期发送通信握手报文。

3. 充电准备就绪阶段

新能源汽车与直流充电桩相互配置的阶段，车辆控制 K5、K6 闭合，使充电回路导通，充电桩检测到车辆端电池电压正常（电压与通信报文描述的电池电压误差 ≤ ±5%，且在充电桩输出最大、最小电压的范围内）后闭合 K1、K2，那么直流充电线路导通，新能源汽车就准备开始充电。

4. 充电阶段

在充电阶段，车辆向直流充电桩实时发送电池充电需求的参数，充电桩会根据该参数实时调整充电电压和电流，并且车辆和充电桩会相互发送各自的状态信息（充电桩输出电压电流、车辆电池电压电流、SOC 等）。

5. 充电结束

车辆会根据动力电池是否达到充满状态，或是否收到充电桩发来的"充电桩中止充电报文"，来判断是否结束充电。满足以上充电结束条件，车辆会发送"车辆中止充电报文"，在确认充电电流小于 5A 后断开 K5、K6。

充电桩在达到操作人员设定的充电结束条件，或者收到汽车发来的"车辆中止充电报文"后，会发送"充电桩中止充电报文"，并控制充电桩停止充电，在确认充电电流小于 5A 后断开 K1、K2，并再次接上泄放电路，然后再断开 K3、K4。

📖 拓展阅读

目前，新能源汽车的充电模式主要包括交流（AC）充电和直流（DC）充电。其中，交流充电一般使用家用或商业电力电源，电压一般为 220V 或 380V；而直流充电则使用公共充电桩，速度更快，但需要更多的设备和高压电源，成本也更高。如何在未来新能源汽车充电技术上实现高效、节能、快速充电，将成为新能源汽车未来发展的趋势。

无线充电技术允许电动汽车在不使用电线或电缆的情况下，通过嵌入在道路和停车位的无线充电源板自动连入电网进行充放电，使用方便安全，可以有效利用汽车动力电池容量、减轻车体重量、增加车辆续驶里程。

按照充电原理划分，无线充电技术（Wireless Power Transmission，WPT）可以分为三种：无线电波式、电磁感应式、电磁共振式。其中，电磁感应式和电磁共振式在中小距离场合的能量传输效率较高，更适用于电动汽车充电。

按照充电方式划分，无线充电技术可以分为动态充电和静态充电。动态充电系统易于使用，并且可以为行驶状态下的车辆充电。目前，市场上的主要技术开发公司多专注于动态无线充电系统，以满足日益增长的商用电动汽车需求。此外，中国和韩国主要开发的也是动态无线充电系统。

汽车无线充电虽然解决了用户们的"无感充电"体验以及充电带来的占用空间等问题，但对于充电技术来说，依旧存在无法逾越的障碍。目前奥迪、宝马、奔驰、沃尔沃、丰田等汽车厂商都在研究电动汽车无线充电技术。国内华为、中兴新能源、比亚迪、北汽新能源以及中惠创智、新页科技、有感科技等企业也均有涉猎，不过目前国内市场还没有一款支持无线充电的量产车型，主要存在以下一些技术问题。

1）充电效率低。乘用车即使使用最高充电功率 11kW，充电 1min 也只能提供行程 1km 的电量。

2）充电安全难。汽车无线充电技术首要的安全问题，就是电磁波传递能量的手段给新能源汽车新增了安全隐患。电动汽车无线充电要高度重视异物检测、活物保护、发热、EMC（电磁兼容）、EMI（电磁干扰），加快提升产品的成熟度。

3）无线充电的国家标准并不成熟。新的技术需要普及，标准必须统一，目前正在摸索阶段，参照新能源企业针对电池研究期限，该项技术完善至少需要十年时间。

4）系统复杂，由于电动汽车无线充电有墙端、地面端和车载端三大部分，涉及电池仿真、WiFi 通信、雷达信号处理以及公共场所的操作性等问题，整个系统颇为复杂。

5）高成本问题，设备供应商要从产品类别、标准体系、应用场景等方面系统地提出成本控制策略，以满足车企在成本、体积、重量、安全和互操作性方面的要求。

总而言之，电动汽车无线充电不是一个孤立的存在，它是整个业态内所有的厂商、参与方都积极行动起来、共同参与才能完成的产业链。

任务分组

学生任务分配表见表 4-2-2。

表 4-2-2　学生任务分配表

班级		组号		指导老师	
组长		学号			
组员角色分配					
信息员		学号			
操作员		学号			
记录员		学号			
安全员		学号			
任务分工					
（就组织讨论、工具准备、数据采集、数据记录、安全监督、成果展示等工作内容进行任务分工）					

能力模块四 掌握充电系统构造与拆装方法

📝 工作计划

按照前面所了解的知识内容和小组内部讨论的结果，制定工作方案，落实各项工作负责人，如任务实施前的准备工作、实施中主要操作及协助支持工作、实施过程中相关要点及数据的记录工作等，见表4-2-3。

表4-2-3 工作计划表

步骤	工作内容	负责人
1		
2		
3		
4		
5		
6		
7		
8		

进行决策

1）各组派代表阐述资料查询结果。
2）各组就各自的查询结果进行交流，并分享技巧。
3）教师对各组的计划方案进行点评。
4）各组长对组内成员进行任务分工，教师确认分工是否合理。

任务实施

引导问题3

扫描二维码观看视频，了解秦EV的充电系统的检查与紧固，并简述操作要点。

_____
_____

充电系统的检查与紧固（秦EV）

参考操作视频，按照规范作业要求完成相应的操作步骤，完成数据采集并记录。如表4-2-4、表4-2-5所示。

表4-2-4 实训准备

实训准备			
序号	设备及工具名称	数量	设备及工具是否完好
1	比亚迪秦EV	1辆	□是 □否

（续）

序号	设备及工具名称	数量	设备及工具是否完好
2	一体化工量具	1套	□是 □否
3	安全防护套装	1套	□是 □否
4	万用表	1台	□是 □否
质检意见	原因：		□是 □否

表 4-2-5 充电系统的检查与紧固

充电系统的检查与紧固			
序号	步骤	记录	完成情况
1	维修准备工作 （1）检查耐磨手套有无明显破损，如有破损，需进行更换 （2）检查万用表外观有无破损 （3）检查红黑表笔外观有无破损 （4）连接万用表红黑表笔并调至电阻档，万用表校表 （5）检查绝缘手套、护目镜、绝缘帽有无破损		□已完成 □未完成
2	充电系统的检查与紧固前准备 （1）将车辆正确停放至工位，放置车轮挡块 （2）按下钥匙解锁键进行车辆解锁 （3）打开车门 （4）规范铺设车内四件套 （5）进入车内，踩下制动踏板，按下启动开关 （6）按下驾驶位车窗按钮，降下驾驶位车窗，以防车辆意外断电造成车门误锁 （7）拉尾箱盖开关，打开尾箱盖 （8）规范铺设车外三件套		□已完成 □未完成
3	取出棘轮扳手、10号套筒断开低压蓄电池负极，并使用绝缘胶带缠绕负极接头		□已完成 □未完成
4	检查慢充枪与慢充口连接是否良好		□已完成 □未完成
5	使用万用表电阻档测量充电线桩端充电枪的N、L、PE、CP、CC脚和车辆端的N、L、PE、CP、CC脚是否导通，若不导通，则检查紧固慢充枪与慢充口连接端子		□已完成 □未完成
6	使用万用表电阻档测量充电线端与充电枪CC脚和PE脚的阻值，16A充电线阻值应为 $680 \pm 3\% \Omega$，32A充电线阻值应为 $220 \pm 3\% \Omega$，若阻值与标准值不符，则维修或更换充电枪		□已完成 □未完成

（续）

序号	步骤	记录	完成情况
7	检查慢充线束及车载充电机；检查插件端子无烧蚀、虚接现象；使用万用表电阻档分别测量充电口 PE 接地线是否导通，CC、CP 脚与充电线束充电机插件 4、5 脚是否导通，若不导通，则修复或更换慢充线束总成		□已完成 □未完成
8	慢充线束检查完毕，恢复好进行充电测试		□已完成 □未完成
9	取下低压蓄电池负极绝缘胶带，使用棘轮扳手、10 号套筒接上蓄电池负极并紧固，连接充电枪，仪表显示充电正常		□已完成 □未完成
10	实训现场 6S 整理		□已完成 □未完成
总结提升			□已完成 □未完成
质检意见	原因：		□已完成 □未完成

📝 评价反馈

1）各组代表展示汇报 PPT，介绍任务的完成过程。

2）请以小组为单位，对各组的操作过程与操作结果进行自评和互评，并将结果填入综合评价表（表 4-2-6）中的小组评价部分。

3）教师对学生工作过程与工作结果进行评价，并将评价结果填入综合评价表中的教师评价部分。

表 4-2-6　综合评价表

班级		组别		姓名		学号	
实训任务							
评价项目		评价标准				分值	得分
小组评价	计划决策	制定的工作方案合理可行，小组成员分工明确				10	
	任务实施	能够正确检查并设置实训工位				5	
		能够准备和规范使用工具设备				5	
		能够正确完成交流充电系统的检查和紧固前的准备工作				20	
		能够正确完成秦 EV 直流充电系统的检查和紧固				20	
		能够规范填写任务工单				10	
	任务达成	能按照工作方案操作，按计划完成工作任务				10	

（续）

评价项目		评价标准	分值	得分
小组评价	工作态度	认真严谨、积极主动，安全生产，文明施工	10	
	团队合作	小组组员积极配合、主动交流、协调工作	5	
	6S 管理	完成竣工检验、现场恢复	5	
		小计	100	
教师评价	实训纪律	不出现无故迟到、早退、旷课现象，不违反课堂纪律	10	
	方案实施	严格按照工作方案完成任务实施	20	
	团队协作	任务实施过程互相配合，协作度高	20	
	工作质量	能准确完成本节的实训任务	20	
	工作规范	操作规范，三不落地，无意外事故发生	10	
	汇报展示	能准确表达、总结到位、改进措施可行	20	
		小计	100	
综合评分		小组评价分 ×50% + 教师评价分 ×50%		
总结与反思				

（如：学习过程中遇到什么问题→如何解决的 / 解决不了的原因→心得体会）

新能源汽车构造

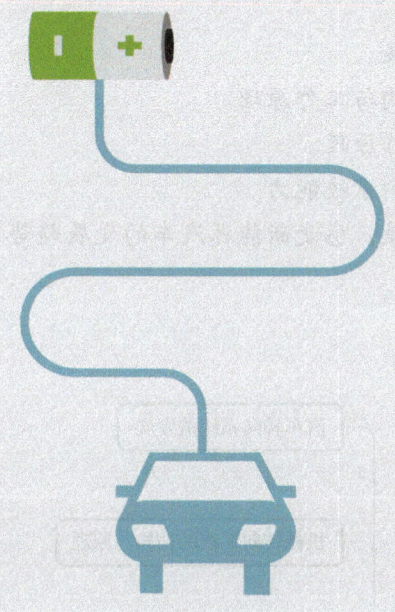

能力模块五
掌握底盘系统构造与拆装方法

任务一　拆装转向系统

学习目标

- 了解汽车转向系统的发展。
- 掌握机械转向系统的结构与工作原理。
- 掌握线控转向系统的工作原理。
- 具备检查和紧固车辆转向系统能力。
- 了解线控转向系统的发展,感受新能源汽车的发展趋势。

知识索引

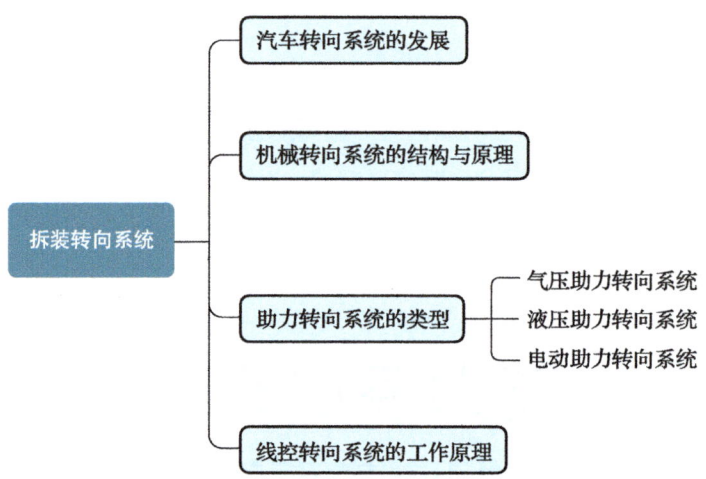

情境导入

　　汽车的转向系统是汽车最重要的子系统之一,它对车辆的行驶安全性、操纵稳定性和驾驶人的操作舒适性均会产生重要影响。
　　随着科技水平的发展,汽车转向系统也在不断迭代,本节我们将学习几种常见的汽车转向系统的结构。

📧 获取信息

> ❓ **引导问题 1**
>
> 请查阅相关资料，简述汽车转向系统的发展方向。
> _____
> _____
> _____

<h2 style="text-align:center">汽车转向系统的发展</h2>

汽车的转向系统是其最重要的子系统之一，它对车辆的行驶安全性、操纵稳定性和驾驶人的操作舒适性均会产生重要影响。汽车的转向系统经历了机械转向系统、液压助力转向系统、电动助力转向系统和线控转向系统四个发展阶段。

一、机械转向系统

机械转向系统以驾驶人的体力为转向能量，传递力的部件全部是机械的，主要由转向操纵机构、转向器和转向传动机构组成。传统的机械转向系统结构简单、运行可靠、生产成本低。但随着车速和车辆质量的提高，转向控制变得更加困难，转向越来越费力。

二、液压助力转向系统

液压助力转向系统（HPS）是在传统机械转向系统基础上增加了液压助力系统，一般由转向泵、助力装置和控制阀组成。它利用液压力推动传统机械转向机构的转向运动，减轻了驾驶人的劳动强度，在一定程度上解决了传统机械转向系统传动比固定带来的转向"轻"与转向"灵敏"的矛盾。缺点是无论汽车是否转弯，只要发动机工作，液压增压泵就会额外消耗发动机的能量。

三、电动助力转向系统

电动助力转向系统（EPAS 或 EPS）是在传统的机械转向系统的基础上，增加了传感器装置、电子控制装置、转向助力机构等。它可以通过软件进行修改，达到不同车型和工况的不同转向助力特性，同时取消了液压系统，提高了环保性能。但由于电机的功率和转向功率有限，多用于小型车。

四、线控转向系统

汽车线控转向系统（SBW）取消了转向盘与转向轮之间的机械连接，完全由电能实现转向，摆脱了传统转向系统的各种限制，不但可以自由设计汽车转向的力传递特性，设计汽车转向的角传递特性，通过控制算法实现智能化车辆转向，而且比传统转向系统更加节省安装空间，重量更轻。

汽车转向系统未来发展的方向是无人驾驶的主动转向系统。虽然线控转向系统（Steer By Wire，SBW）被学者们认为更适用于自动驾驶，但线控转向技术尚未发展成熟，并且成本较高。如今发展较为成熟、应用较为广泛的是电动助力转向系统（Electric Power Steering，EPS）。

> **引导问题 2**
>
> 请查阅相关资料。简述机械转向系统的结构与工作原理。
> _____
> _____
> _____

机械转向系统的结构与原理

机械转向系统以驾驶人的体力作为转向能源，所有传递力的构件都是机械的。机械转向系统主要由转向操纵机构、机械转向器和转向传动机构三大部分组成。图 5-1-1 所示为机械转向系统基本结构。

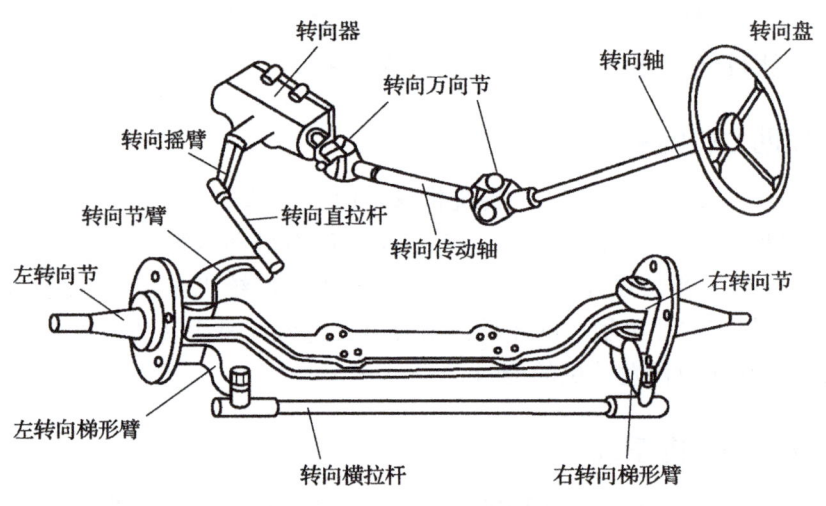

图 5-1-1 机械转向系统

汽车转向时，驾驶人对转向盘施加一个转向力矩，通过转向轴、转向万向节和转向传动轴，将转向力矩输入转向器。转向器将转向盘的力矩放大以后传给转向摇臂，再通过转向直拉杆传给固定在左转向节上的转向节臂，使左转向节及装于其上的左转向轮绕主销偏转。左、右转向梯形臂的一端分别固定在左、右转向节上，另一端则与转向横拉杆做球铰链连接。当左转向节偏转时，经左转向梯形臂、转向横拉杆和右转向梯形臂的传递，右转向节及装于其上的右转向轮随之绕主销同向偏转一定的角度。转向结束时，将转向盘恢复到原始位置，使转向车轮恢复直线行驶。其中转向盘、转向轴、转向万向节、转向传动轴属于转向操纵机构；机械转向器有多种类型，轿车上常采用齿轮齿条转向器；转向摇（垂）臂、转向直（纵）拉杆、转向节臂、转向梯形臂、转向横拉杆等属于转向传动机构。

> **引导问题 3**
>
> 请查阅相关资料，简述助力转向系统的类型。
>
> _____
>
> _____
>
> _____

助力转向系统的类型

助力转向系统是将部分机械能（或电能）转化为液压或气压能，并在驾驶人的控制下对转向传动装置或者转向器中某一传动件施加液压或气压作用力，以减轻驾驶人的转向操纵力的一套零组件的总称。助力转向系统的作用是减小汽车转向时，驾驶人施加给转向盘的力，提高驾驶舒适性。助力转向系统按动力介质的不同分为气压式、液压式和电动式三类。

一、气压式助力转向系统

气压式助力转向系统主要应用于前轴最大轴载质量为 3~7t 的货车和客车，也应用在采用气压制动系统的货车和客车上。对于装载质量过大的货车，因为其气压制动系统的工作压力较低，使得组件结构复杂、尺寸过于庞大、消耗功率多、易产生泄漏，而且转向力也不宜有效控制，所以这种助力系统不宜用于大型货车和小型轿车。

二、液压助力转向系统

液压助力转向系统工作灵敏度高，结构紧凑、外廓尺寸较小，工作时无噪声，工作滞后时间短，而且能吸收来自不平路面的冲击。因此，液压式助力转向系统在各类汽车上得到了广泛的应用。液压式助力转向系统按系统内部的压力可以分为常流式液压助力转向系统和常压式液压助力转向系统；按转向控制阀的运动方式又可以分为滑阀式液压助力转向系统和转阀式液压助力转向系统。

液压助力转向系统如图 5-1-2 所示。驾驶人转动转向盘，转向摇臂摆动，通过转向直拉杆、横拉杆、转向节臂，使转向轮偏转，改变汽车的行驶方向。同时，转向器输入轴带动转向器内部的转向控制阀转动，使转向动力缸产生液压作用力，帮助驾驶人进行转向操纵。这样，驾驶人只要在转向盘上施加很小的转向力矩，就可以克服地面作用于转向轮上的转向阻力矩，使得转向操纵轻便、灵活，还提高了汽车行驶的安全性。

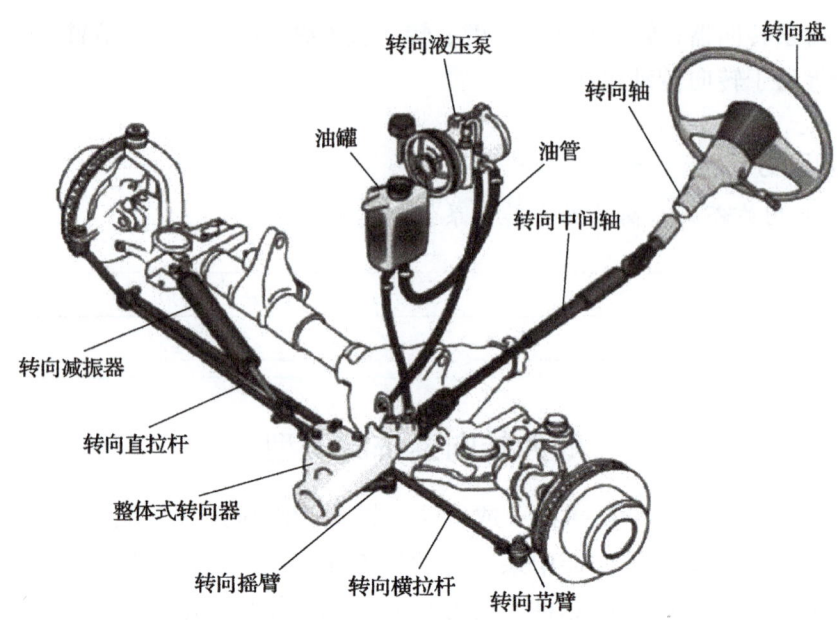

图 5-1-2 液压助力转向系统

三、电动助力转向系统

1. 电动助力转向系统分类

电动助力转向系统是一种直接依靠助力电机提供辅助转矩的助力转向系统。

电动助力转向系统（EPS），根据助力电机安装的位置不同可分为转向柱助力式 EPS 系统（Column-assist type EPS，C-EPS）、齿轮助力式 EPS 系统（Pinion-assist type EPS，P-EPS）、齿条助力式 EPS 系统（Rack-assist type EPS，R-EPS）。三种典型的 EPS 结构如图 5-1-3 所示。

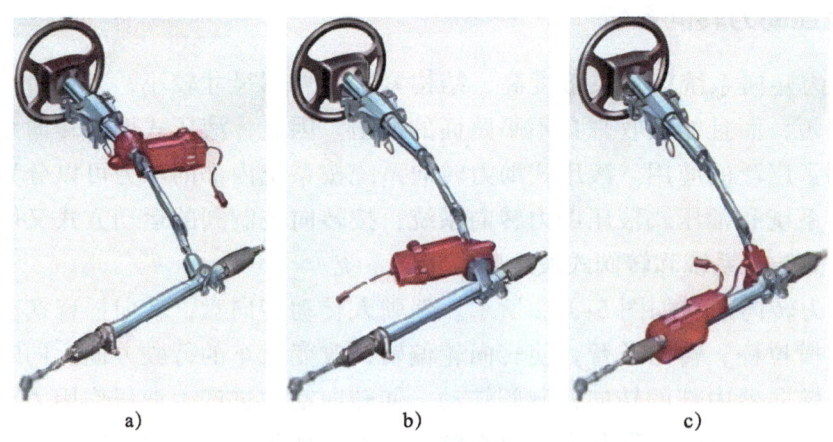

图 5-1-3 三种典型的 EPS 结构图
a）转向柱助力式　b）齿轮助力式　c）齿条助力式

1）C-EPS 的助力电机可以安装在转向柱的任何位置，成本最低，助力响应较好，但提供的助力较小，转向柱部分占用空间大，产生的噪声偏大，适用于微型轿车。

2）P-EPS 的助力电机通过小齿轮与齿条啮合，电机助力力矩直接加在小齿轮轴上，其刚性好，转向路感强，助力不需要管柱组件传递，电机可以提供更大的助力，适用于中小型轿车。

3）R-EPS 的助力电机和减速机构安装在齿条外侧，采用锥齿轮和滚珠杠构成二级减速机构，这种安装方式可以产生更大的助力，能量利用率高，适用于中型汽车。

2. 电动助力转向系统结构

电动助力转向系统是利用电机作为动力源，根据汽车的车速和转向参数等相关数据，由电子控制单元（ECU）完成控制的一种转向系统。它直接依靠电机为其提供辅助力矩并以之作为动力。电动助力转向系统的主要组件包括助力电机、电子控制单元、传感器、减速器、助力传动机构、机械式转向器等。

1）助力电机是汽车转向助力系统中提供助力的主要组件，由其工作产生相应的力矩，通过该力矩实现对整个车身转向的助力提供。当前在汽车生产中使用的主要是无刷直流电机。

2）电子控制单元（Electric Control Unit，ECU）是整个电动助力转向系统（EPS）的控制中心，其作用就如同人脑，收集所有的信号，并对其进行分析后，给予某个组件相关的工作指令。将车身行驶过程中的所有信息进行收集，随后利用特定的程序进行处理，再给相应的组件下达工作指令。ECU 在工作状态中，不仅要对车身的运行情况进行监控，还要对自身的工作情况进行监控，一旦发现系统出现异常，还能启动自我保护功能，将整个车身的控制电流切断，使驾驶人通过自主判断进行转向，保证车身的稳定性和安全性。

3）传感器主要有扭矩传感器和车速传感器，接收转向力矩和车速信号。

①扭矩传感器。扭矩传感器主要作用是收集汽车行驶过程中汽车转向时所产生的力矩。在汽车正常行驶过程中，发生转向时会产生一定的力矩，而扭矩传感器的主要作用就是将转向力矩的信息加以收集，随后将其转变为电信号并传输到电动助力转向系统（EPS）的 ECU 中，使其进行数据处理，计算电动助力转向系统（EPS）需要为汽车转向所带来的助力，并由该系统主动为汽车的转向提供助力。

②车速传感器。在汽车的正常行驶过程中，路面的情况会不断发生变化，而当路面发生变化时汽车的车速就会随之变化，因此车速传感器通常是被安装在变速器上，收集汽车车速的变化情况。传感器将收集到的信息转化成相应的电信号后，传入 ECU 中供其进行分析和处理，随后才向相应的运动组件发布相关的工作指令。在驾驶人操作的过程中，为了使得驾驶人的操作负担减小，电动助力转向系统（EPS）会提供相应的助力，而在此类传感器的信息收集过程中，就需要对变化的车速信号进行收集，促使 ECU 能够收集到准确的信息，以便其计算出应当提供的最佳助力。

4）减速器的主要作用是当车辆行驶过程中，出现路况变化或是紧急情况时，将车速快速地降下来。减速器工作的主要原理是将扭杆上的转速降低，当前汽车生产中用得较多的是齿轮减速器，这种减速器可以利用其齿轮和扭杆进行接触，增大二者之间的摩擦，使得扭杆的转速降低，如此一来就达到了减速的效果。电磁离合器最大的作用就是系统的自我保护机制,当系统发生异常时,电磁离合器会发现故障并将与故障组件相连的零件断开,将故障组件独立出来,对系统进行保护。

5)助力传动机构,在电动助力转向系统(EPS)中会出现一个减速增矩作用,发生该作用的主要机制是由于减速传动机同电机这两个组件是相互连接的,而在减速传动机的构成中有一些齿轮,当齿轮同凹槽结合时能增加摩擦,使得车速降低下来。而该传动齿轮与电机相连时,也能对电机的速度造成影响,可以使得电机的转动速度变慢,产生的助力也就减小。因此所谓的减速增矩作用主要就表现为减速传动机同电机之间的一个相互作用,利用减速传动机控制电机的转动速度。

6)机械式转向器,顾名思义就是主要针对汽车的转向运动,通过转向器的转换,能将汽车的运动在直线和旋转之间进行转换。既然转向器作用于正常的工作,那就会产生相应的工作效率,在转向器效率的计算中,通常将转向器输出端与输入端的功率比值定义为转向器的传动效率,传动效率越高说明该转向器的工作性能越稳定。在汽车转向的实际操作过程中,还可以利用正效率和逆效率来进行转向器操作特点的说明,正效率主要是指转向器的转向操作更加灵敏,逆效率主要是指驾驶人使用转向器的效果更好。

引导问题3

请查阅相关资料,简述线控转向系统的工作原理。

_____
_____
_____

竞赛指南

在2019年中国技能大赛——全国新能源汽车关键技术技能大赛新能源汽车智能化技术赛项中,对智能网联汽车线控转向系统提出了具体的技术考核指标:(1)转向形式:前桥阿克曼转向(高精度伺服电机);(2)控制方式:转速/转矩/位置;(3)额定功率:≥400W;(4)额定电压:48V;(5)响应时间:<100ms;(6)控制精度:±1°;(7)系统具有过载保护。查阅资料,了解新能源汽车线控转向系统结构,帮助优化新能源汽车的转向系统性能指标。

线控转向系统的工作原理

汽车线控转向系统的工作原理如图5-1-4所示,驾驶人进行转向操作时,通过转向盘输入转向的角度、转向角速度以及转向力矩,转向盘模块中的传感器采集一系列信号并传递到转向控制模块,转向控制模块处理这些信号,并根据自身车辆的速度以及其他信号进行传动比的计算,给出所需的前轮转角,然后控制转向执行模块的转向电机带动前轮转到目标转角,实现转向意图。与此同时,转向控制模块根据车辆的前轮转角信号、一系列轮胎力信号以及驾驶人意图通过路感模拟决策发出指令，进而控制转矩反馈电机输出力矩反馈路面情况。

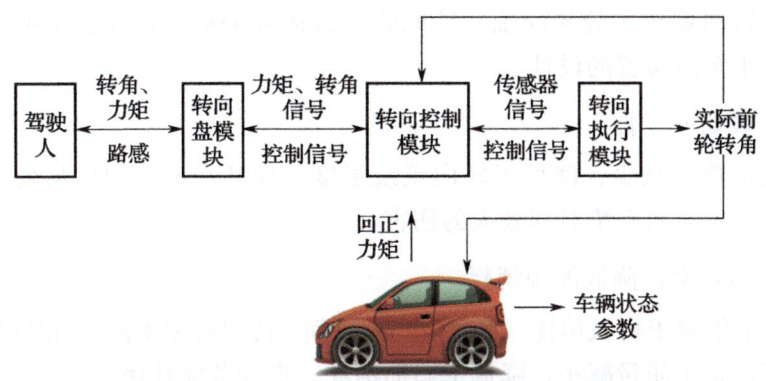

图 5-1-4　汽车线控转向系统的工作原理

汽车线控转向系统结构如图 5-1-5 所示，它主要由转向盘模块、转向控制模块以及转向执行模块组成。

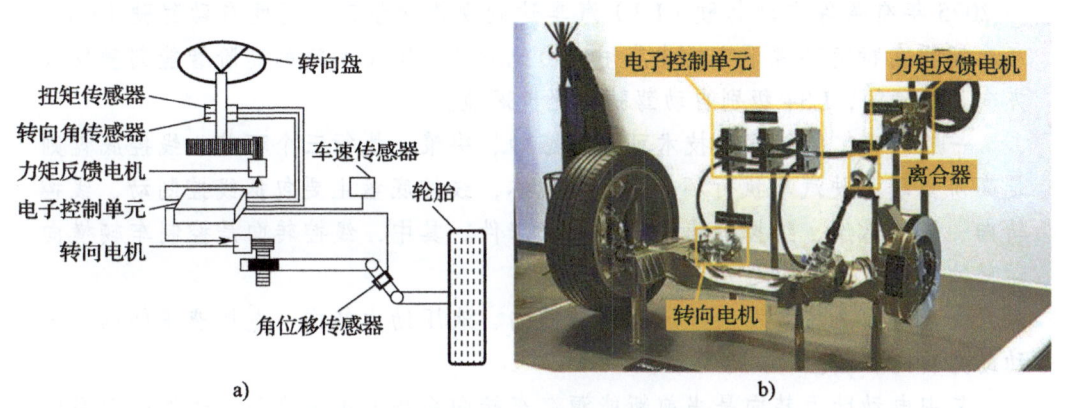

图 5-1-5　汽车线控转向系统结构图与实物图
a）结构图　b）实物图

线控转向系统采用电子控制单元来控制汽车转向，理论上可以自由设计转向系统的角传递特性和力传递特性，具有传统转向系统不可比拟的性能优点。

1. 能够改善路感

应用汽车线控转向控制技术，能够消除路面不平对方向造成的影响，驾驶人可根据需求来自由设计，满足了个性化的驾驶需求。

2. 有助于底盘的集成控制

借助车载总线，能够实现电动助力转向系统（EPS）、防抱死制动系统（ABS）、直接横摆力矩控制（DYC）等系统的集成，实现信息的共享利用，提高汽车的整体性能。

3. 提高了操控性能

汽车线控转向摆脱了机械连接，让汽车在低速行驶时，有更好的灵敏度，高速行驶时，转向更为平稳，降低驾驶人的体力消耗。

4. 节省空间

由于原本转向系统中的转向轴和转向管等机械部分被取消掉，增加了驾驶人的活动空间，有利于车内布置的设计。

5. 提高了被动安全性

因为机械组件的减少，降低了转向系统强度，使其在碰撞中更易变形，在汽车发生事故时，减少了转向系统对驾驶人的伤害。

6. 提高转向效率，降低能源消耗

线控转向不依赖于机械传递，缩短了响应时间，转向效率提高。同时机械传动减少，传动效率提高，整车质量减小，降低了燃油消耗，更加节能环保。

拓展阅读

我国政府多部门联合印发的《智能汽车创新发展战略》的通知中提出：目标2025年有条件自动驾驶（L3）汽车达到规模化量产，高度自动驾驶（L4）汽车实现在特定环境下市场化应用。由此看来，国家制定的高阶智能驾驶发展方向是明确的，L3+级别自动驾驶将逐步落地。

一般而言，智能驾驶技术可分为感知、决策、执行三个环节。线控底盘则是高阶自动驾驶汽车执行环节的重要载体，线控底盘主要包括线控制动、线控转向、线控悬架、线控加速踏板等系统部件。其中，线控转向是控制车辆横向运动的核心执行机构之一。

汽车转向系统的发展经历了机械转向、液压助力转向、电控液压转向、电动助力转向、线控转向等路径。

其中电动助力转向是当前新能源汽车转向系统的主流产品；线控转向系统则是未来技术发展方向，线控转向具有响应灵敏度更好、智驾功能拓展性更高等优势。同时，线控转向实现了驾驶人操作与车辆运动的解耦，可提高紧急转向操作的正确性和安全性。但线控转向技术的大量推广还有一些问题亟待解决。

1）转向执行控制策略需要实时的动态调整和控制，技术难度较大。线控转向系统的转向执行控制策略可以分为上层策略和下层策略两部分。上层策略根据当前车辆的状态和驾驶人的输入，计算出期望的前轮转角、力矩；而下层策略则是由转向控制器控制转向电机执行该指令，快速、准确地达到该目标转角。线控转向系统需要通过实时的动态调整和控制，实现在低速时减小传动比，提高灵活性；高速时增大传动比，增加系统稳定性；还需要通过前馈控制提前对系统受到的扰动进行补偿，提高响应速度和精度，技术难度较大。

2）路感反馈技术较难，真实性有待提升。路感是指驾驶人通过转向盘得到的车辆行驶中的转向阻力矩，包含回正力矩和摩擦力矩两部分。线控转向系统取消了转向盘和转向车轮之间的机械连接，路感无法直接反馈给驾驶人。为

了保障驾驶的安全性，主控制器需要根据驾驶意图、车辆状况与路况，过滤不必要的振动，对路感模拟器发出力矩及转角执行的信号请求，实时输出路感反馈力矩指令；路感模拟电机执行控制器指令，产生作用于转向盘的阻力矩以模拟路感，将路感实时反馈给驾驶人。路感反馈精度取决于众多因素，且依赖于驾驶人主观评价，不同驾驶人对于路感反馈强烈程度的需求不一致，技术难度高。

3）硬件冗余成本高昂，短时间内难以普及。目前，线控转向执行机构有多种"硬件冗余"设计方式，成本约为4000~6000元，远高于普通无冗余的EPS系统（1500元）。解析冗余（软件冗余）的核心故障诊断与容错算法控制，当前技术成熟度较低，是长期重点发展方向。在软件冗余层面，线控转向系统可以设计故障诊断系统，通过变量观测提升系统的快速误差检测和故障诊断性能，实现主动容错控制，也可以借助制动、发动机、悬架系统和后转向系统来形成冗余。解析冗余除了降低系统复杂性之外，还有助于控制成本，是未来发展的重点。

4）线控转向系统标准空白，短时间内无法实现量产。目前国内的转向标准 GB 17675—2021 已经解除对线控转向的限制，但是要把线控转向做到量产，还需要有专门标准来推动。2021年年底，中汽研标准所在线控转向工作组首次会议上宣布，集度、蔚来、吉利正式成为线控转向技术发展和标准化研究联合牵头单位，将牵头线控转向相关国家标准的制定。作为全新的下一代转向技术，线控转向相关技术研发、法规制定在同步开展。

汽车线控转向是转向盘和车轮完全解耦的下一代转向系统，是线控底盘的重要组成，负责整个车辆的横向控制。线控转向是重要的汽车智能化核心技术，与智能驾驶和智能座舱强相关。线控转向不仅是高阶自动驾驶的必要执行器，也将赋予智能座舱设计更大的想象空间。

任务分组

学生任务分配表见表 5-1-1。

表 5-1-1 学生任务分配表

班级		组号		指导老师	
组长		学号			
组员角色分配					
信息员		学号			
操作员		学号			
记录员		学号			
安全员		学号			

| 姓名 | 班级 | 日期 |

（续）

任务分工
（就组织讨论、工具准备、数据采集、数据记录、安全监督、成果展示等工作内容进行任务分工）

工作计划

按照前面所了解的知识内容和小组内部讨论的结果，制定工作方案，落实各项工作负责人，如任务实施前的准备工作、实施中主要操作及协助支持工作、实施过程中相关要点及数据的记录工作等，见表 5-1-2。

表 5-1-2　工作计划表

步骤	工作内容	负责人
1		
2		
3		
4		
5		
6		
7		
8		

进行决策

1）各组派代表阐述资料查询结果。
2）各组就各自的查询结果进行交流，并分享技巧。
3）教师对各组的计划方案进行点评。
4）各组长对组内成员进行任务分工，教师确认分工是否合理

任务实施

> **引导问题 4**
>
> 扫描二维码观看视频，了解秦 EV 转向系统的检查与紧固过程，并简述操作要点。
>
> _____
>
>
>
> 车辆转向系统的检查与紧固（秦 EV）

能力模块五　掌握底盘系统构造与拆装方法

参考操作视频，按照规范作业要求完成相应的操作步骤，完成数据采集并记录。如表 5-1-3、表 5-1-4 所示。

表 5-1-3　实训准备

序号	设备及工具名称	数量	设备及工具是否完好
1	比亚迪秦 EV	1 辆	□是　□否
2	一体化工量具	1 套	□是　□否
3	人员防护套装	1 套	□是　□否
4	万用表	1 台	□是　□否
5	三层工具车	1 辆	□是　□否
质检意见	原因：		□是　□否

表 5-1-4　车辆转向系统的检查与紧固

序号	步骤	记录	完成情况
1	认识转向系统各部件并检查其是否存在松动，逐一检查中央转向杆、转向球头等部件		□已完成 □未完成
2	检查转向系统的液压管路是否存在漏油情况，如果有，则应及时更换漏油部件		□已完成 □未完成
3	检查全车是否过于跳动或抖动，这可能是由于转向系统某个部件松动引起的，需要紧固或更换		□已完成 □未完成
4	当发现转向球头或转向杆松动时，应使用专用工具进行紧固，以确保转向系统的可靠性和安全性		□已完成 □未完成
5	检查转向盘是否正常回弹，如果出现误差，则应进行校正		□已完成 □未完成
6	如有必要，进行转向系统的电气检测，确保电器元件没有损坏或短路现象		□已完成 □未完成
7	检查转向系统各零部件的螺栓松紧情况，若有松动则进行紧固		□已完成 □未完成
8	实训现场 6S 整理		□已完成 □未完成
总结提升			□已完成 □未完成
质检意见	原因：		□已完成 □未完成

| 姓名 | | 班级 | | 日期 | |

📝 评价反馈

1）各组代表展示汇报 PPT，介绍任务的完成过程。

2）请以小组为单位，对各组的操作过程与操作结果进行自评和互评，并将结果填入综合评价表（表 5-1-5）中的小组评价部分。

3）教师对学生工作过程与工作结果进行评价，并将评价结果填入综合评价表中的教师评价部分。

表 5-1-5 综合评价表

班级			组别		姓名		学号	
实训任务								
评价项目			评价标准				分值	得分
小组评价	计划决策		制定的工作方案合理可行，小组成员分工明确				10	
	任务实施		能够正确检查并设置实训工位				5	
			能够准备和规范使用工具设备				5	
			能够正确完成转向系统的检查与紧固前的准备工作				20	
			能够正确完成秦 EV 转向系统的检查与紧固工作				20	
			能够规范填写任务工单				10	
	任务达成		能按照工作方案操作，按计划完成工作任务				10	
	工作态度		认真严谨、积极主动，安全生产，文明施工				10	
	团队合作		小组组员积极配合、主动交流、协调工作				5	
	6S 管理		完成竣工检验、现场恢复				5	
	小计						100	
教师评价	实训纪律		不出现无故迟到、早退、旷课现象，不违反课堂纪律				10	
	方案实施		严格按照工作方案完成任务实施				20	
	团队协作		任务实施过程互相配合，协作度高				20	
	工作质量		能准确完成本节的实训任务				20	
	工作规范		操作规范，三不落地，无意外事故发生				10	
	汇报展示		能准确表达、总结到位、改进措施可行				20	
	小计						100	
综合评分			小组评价分 ×50% + 教师评价分 ×50%					
总结与反思								
（如：学习过程中遇到什么问题→如何解决的 / 解决不了的原因→心得体会）								

任务二　拆装制动系统

学习目标

- 了解制动系统。
- 掌握防抱死制动系统的基本结构和工作原理。
- 掌握电子液压制动系统的基本结构和工作原理。
- 具备检查并紧固车辆制动系统的能力。
- 系统地了解制动系统的各类故障及可能的故障原因，明确职业道德中的敬业精神在实际操作中的重要性。

知识索引

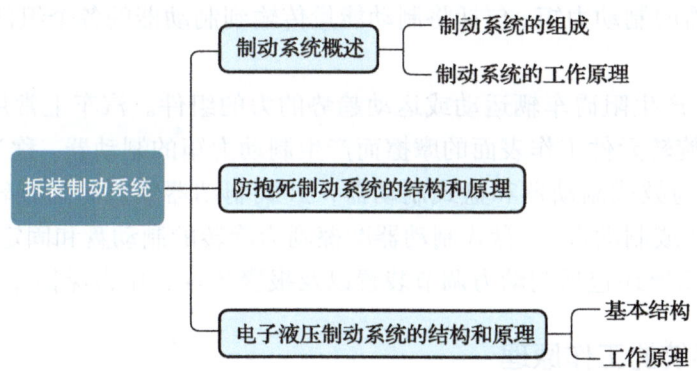

情境导入

自1886年汽车诞生之日起，车辆制动系统在车辆的安全方面就扮演着至关重要的角色。制动系统从原始、简单，到逐渐趋于成熟、稳定、可靠，经历了漫长的发展历程。随着科技水平的发展，汽车制动系统也在不断迭代，你了解汽车制动系统的组成与工作原理吗？

 姓名　　班级　　日期

📧 获取信息

> ❓ **引导问题 1**
>
> 请查阅相关资料，简述制动系统的组成与工作原理。
> _____
> _____
> _____

制动系统概述

一、制动系统的组成

汽车上设置有彼此独立的制动系统，它们起作用的时间不同，但它们的组成却是相似的，一般由以下 4 部分组成。

1）供能装置：包括供给、调节制动所需能量，以及改善传能介质状态的各种组件。如气压制动系统中的空气压缩机、液压制动时踩制动踏板的人体。

2）控制装置：包括产生制动动作和控制制动效果的各种组件，如制动踏板等。

3）传动装置：将驾驶人或其他动力源的作用力传到制动器，同时控制制动器的工作，从而获得所需的制动力矩。包括将制动能量传输到制动器的各个组件，如制动主缸、制动轮缸等。

4）制动器：产生阻碍车辆运动或运动趋势的力的组件。汽车上常用的制动器都是利用固定元件与旋转元件工作表面的摩擦而产生制动力矩的制动器，称为摩擦制动器。摩擦制动器可分为鼓式制动器和盘式制动器，鼓式制动器摩擦副为旋转的制动鼓和固定不动的制动蹄（或制动带）；盘式制动器摩擦副为旋转的制动盘和固定不动的制动钳。较为完善的制动系统还包括制动力调节装置以及报警装置、压力保护装置等。

二、制动系统的工作原理

制动系统的组成及工作原理如图 5-2-1 所示。

车轮制动器的旋转部分是制动鼓，它固定在轮毂上，与车轮一起旋转。固定部分是制动蹄和制动底板等。制动蹄上铆有摩擦片，其下端套在支承销上，上端用回位弹簧拉紧压靠在制动轮缸内的活塞上。支承销和轮缸都固定在制动底板上，制动底板用螺钉与转向节凸缘（前桥）或桥壳凸缘（后桥）固定在一起。制动蹄靠液压轮缸作用而张开。

不制动时，制动鼓的内圆柱面与摩擦片之间保留一定间隙，制动鼓可以随车轮一起旋转。制动时，驾驶人踩下制动踏板，主缸推杆便推动制动主缸内的活塞前移，迫使制动液经管路进入制动轮缸，推动轮缸的活塞向外移动，使制动蹄克服回位弹簧的拉力绕支承销转动而张开，消除制动蹄与制动鼓之间的间隙后压紧在制动鼓上。此时，不旋转的制动蹄摩擦片对旋转的制动鼓产生一个摩擦力矩，其方向与车轮的旋转方向

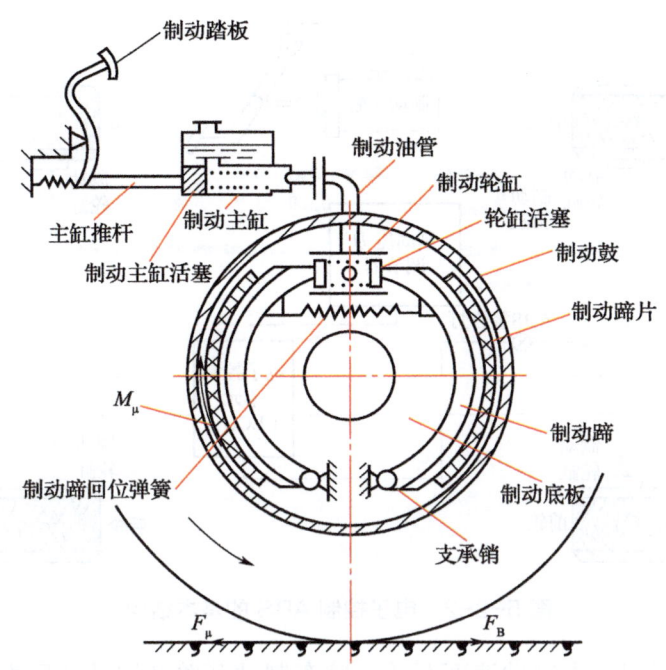

图 5-2-1 制动系统的组成及工作原理

相反。制动鼓将此力矩传到车轮后，由于车轮与路面的附着作用，车轮即对路面作用一个向前的圆周力 F_μ，与此相反，路面会给车轮一个向后的反作用力，这个力就是车轮受到的制动力 F_B。各车轮制动力的总和就是汽车受到的总制动力。

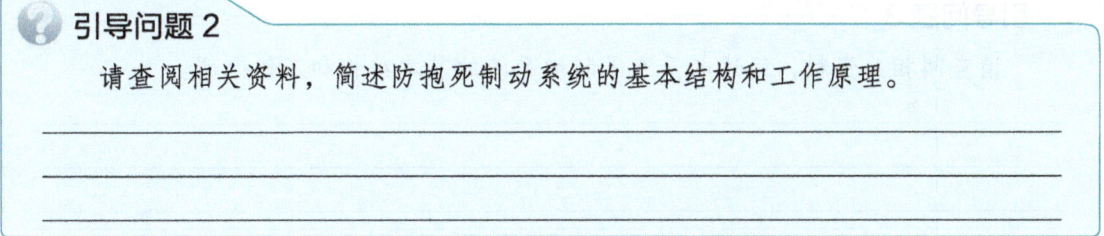

引导问题 2

请查阅相关资料，简述防抱死制动系统的基本结构和工作原理。

防抱死制动系统的结构和原理

防抱死制动系统（ABS）通常由车轮轮速传感器、制动压力调节器、电子控制单元（ECU）和防抱死制动系统警告装置等组成。

如图 5-2-2 所示，每个车轮上都设置了一个轮速传感器，它们将各车轮的转速信号及时地输入 ABS ECU；ABS ECU 是 ABS 的控制中心，它根据各个车轮轮速传感器输入的信号，对各个车轮的运动状态进行监测和判定，并形成相应的控制指令，再适时发出控制指令给制动压力调节器；制动压力调节器是 ABS 的执行器，它是由调压电磁阀总成、电动 ABS 泵总成和储液器等组成的一个独立整体，并通过制动管路与制动主缸和各制动轮缸相连，制动压力调节器受 ECU 的控制，对各制动轮缸的制动压力进行调节；警告装置包括仪表板上的制动警告灯和 ABS 警告灯，制动警告灯为红色，通常

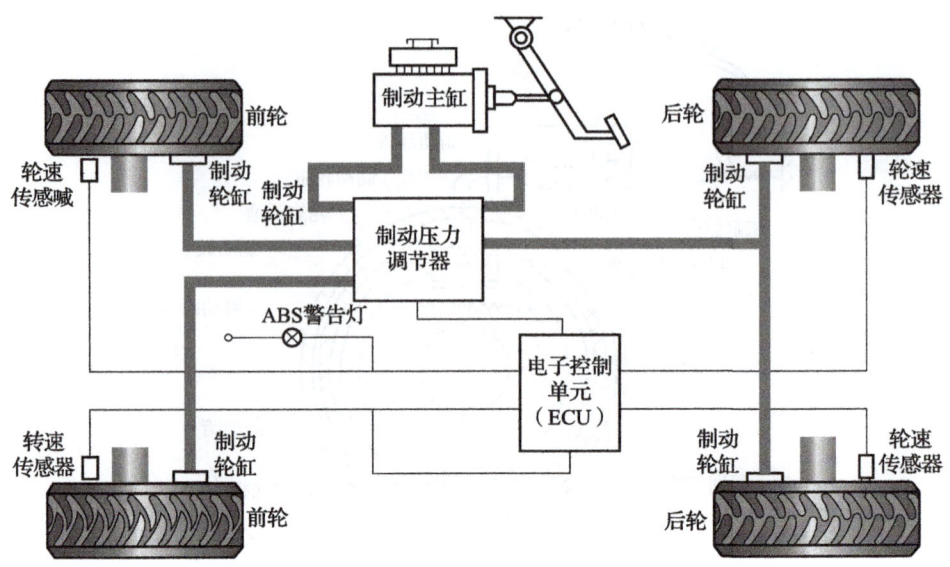

图 5-2-2 电子控制 ABS 的基本结构

用"BRAKE"做标识，由制动液面开关、驻车制动开关及制动液压力开关并联控制，ABS 警告灯为黄色，由 ABS 电子控制单元控制，通常用"ABS"或"ANTI-LOCK"做标识。ABS 具有失效保护和自诊断功能，当 ECU 监测到系统出现故障时，将自动关闭 ABS，仅保留常规制动系统；同时存储故障信息，并将 ABS 警告灯点亮，提示驾驶人尽快进行修理。

引导问题 3

请查阅相关资料，简述电子液压制动系统的基本结构和工作原理。

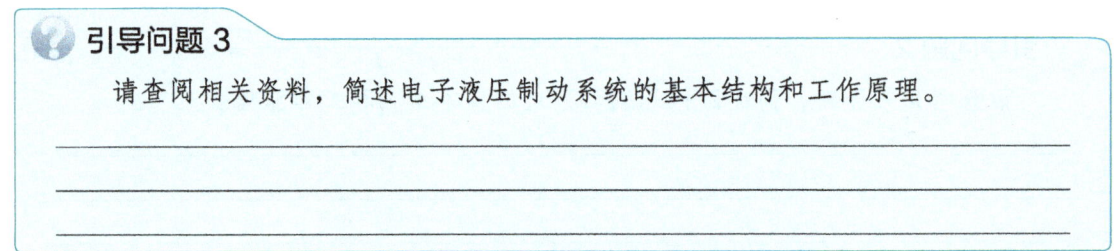

电子液压制动系统的结构和原理

一、基本结构

电子液压制动系统（Electro-Hydraulic Brake System，EHB）一般采用高压储液罐作为供能装置，其压力由电动液压泵产生，必要时可以实施主动制动。制动时将高压储液罐的制动液导入主缸推动其活塞运动，或直接输送给轮缸，依靠控制装置调节轮缸的制动压力。采用制动踏板模拟器为驾驶人提供制动踏板感觉，且具有人力备份制动的功能。当 EHB 系统失效时，使用备用的人力液压制动系统。EHB 系统最主要的特点是采用电动助力装置替代了传统机械制动系统的真空助力装置，这样减少了机械结构的重量，使得汽车的制动系统具有重量轻、体积小、响应快、制动效果明显提高等优点。

比较典型的 EHB 系统有博世公司研发的机电伺服制动助力系统（iBooster），2016年推出的 iBooster 第二代产品主要由 ECU、输入推杆、永磁同步电机（PMSM）、减速机构、耦合装置、回位弹簧、助力阀体、制动主缸总成及位移差传感器组成。

iBooster 减速机构，如图 5-2-3 所示，它主要由三级齿轮组组成：第一级齿轮组由电机齿轮及双齿轮中的大齿轮组成；第二级齿轮组由双齿轮中的小齿轮及轮毂齿轮组成，前两级齿轮副力矩传输方向都没有发生变化；第三级为滑动丝杠螺母组，由主轴螺母及螺杆轴组成，滑动丝杠螺母组结构简单、紧凑，降速比大，有自锁的功能，运动平稳，且能够保证和提高传动精度，此时力矩方向发生变化，由径向的旋转运动变为轴向的平动。

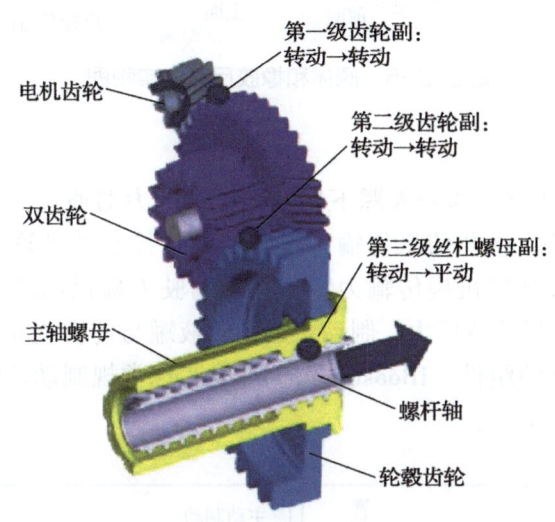

图 5-2-3　iBooster 减速机构

iBooster 耦合装置如图 5-2-4 所示，它主要由输入推杆、螺杆固定轴、橡胶反馈盘、阀体及阀体底座组成。在耦合装置中，阀体和橡胶反馈盘是最为关键的零件，其实物图如图 5-2-5 所示。当电机的伺服力经由减速机构传递到螺杆轴后，主轴螺母由于具有锁止机构不能向前移动只能转动，螺杆轴及螺杆固定轴向前移动，阀体座也向前移动，并与阀体的 B 面接触，伺服力就通过助力阀体作用于橡胶反馈盘的副面（外环面），而与制动踏板连接的输入推杆力直接作用于橡胶反馈盘的主面（内圆面）。橡胶反馈盘具有体积不可压缩特性，伺服力和踏板输入力通过橡胶反馈盘耦合在一起推动主缸活塞产生液压力。伺服力矩能够满足对不同助力比的调整需求。

图 5-2-4　iBooster 耦合装置

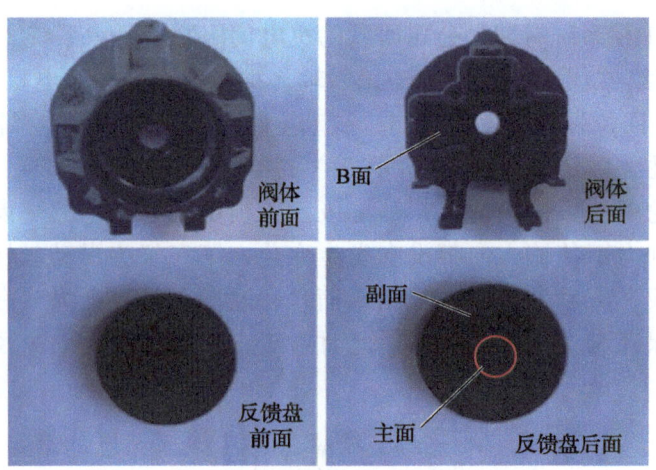

图 5-2-5　阀体和橡胶反馈盘实物图

二、工作原理

iBooster 在常规制动时，驾驶人踩下制动踏板，助力器通过集成的位移差传感器检测到驾驶人的制动需求，将此信息传输到控制器中，控制器计算出控制信号并作用在永磁同步电机上，通过减速机构传输力矩，并与驾驶人提供的脚踏板力通过耦合装置一起推动主缸推杆产生制动液压力，制动主缸、储液罐与传统制动系统所用保持一致，液压调节单元使用 ESP 的组件。iBooster 除了可以实现常规制动功能，还可以实现以下两种功能，如图 5-2-6 所示。

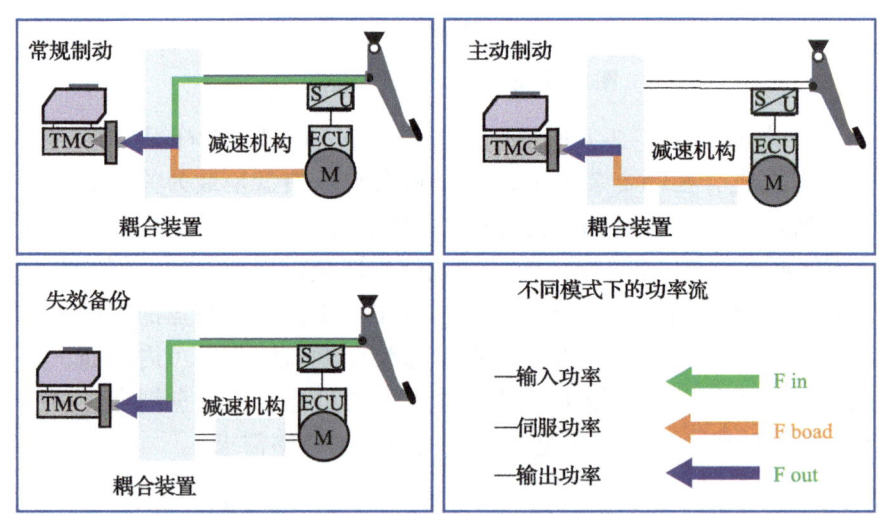

图 5-2-6　iBooster 制动功能示意图

1）主动制动：紧急情况下，在没有驾驶人的参与下，可以根据上层控制器要求自动建立制动液压，实现全制动液压的时间要比传统制动系统快 3 倍，从而明显地缩短制动距离，避免交通事故，或者在不可避免发生事故情况下，降低碰撞速度，从而降低人员伤亡的风险。

2）失效备份：iBooster采用了双安全失效模式。第一道安全失效模式将两种故障情况考虑在内。如果车载电源不能满负载运行，那么iBooster则以节能模式工作，以避免给车辆电气系统增加不必要的负荷，同时防止车载电源发生故障。万一iBooster发生故障，ESP HEV单元会接管并提供制动助力。在上述两种情况下，制动系统均可在200N的踏板力作用下提供0.4g的减速度，在更大踏板力乃至完全减速时同样如此。在第二道安全失效模式下，如果车载电源失效，即断电模式下，则可通过机械推动力方式作为备用，驾驶人可以通过无制动助力的纯液压模式对所有四个车轮施加制动，使车辆安全停车，同时满足所有法规要求。

iBooster完善了博世模块化制动系统组合，使相应的制动系统能够根据所有车辆配置和客户要求进行量身定制。无论车辆大小和驱动技术如何，也不管车辆配备辅助功能的程度如何，都可选择标准的ESP与其组合（混合动力或新能源汽车可与ESP HEV单元组合），以提供最佳的成本优化解决方案。

拓展阅读

制动系统的重要性不言而喻，所以当制动系统出现问题时，车主切不可大意，要及时检查维修。

1. 异常制动声音

制动异响是一个常见的问题，大部分车主都遇到过类似的问题，尤其是雪后或雨后。制动异响一般是指汽车行驶时踩制动踏板，制动片会发出尖锐的金属摩擦声，让人听得很不舒服。其实这种情况大多是制动片的问题造成的。比如制动片比较硬、制动片里面有杂质，或者停车后制动片生锈，都会出现异常的制动声。面对这样的情况，可以踩几下制动踏板缓解一下。但如果制动片磨损过多，就必须更换制动片。

2. 踩制动踏板时，踏板反弹

很多车主也经历过这种情况，尤其是紧急制动时，总感觉制动踏板反弹。这种情况其实可以分为两种：一种是汽车制动时ABS正常启动，此时制动踏板会反弹。另一种是制动盘和制动片表面不平，钢圈变形。这两种情况的区别在于制动的速度，若在正常行驶时遇到制动踏板反弹，需要及时检查。

3. 制动跑偏

制动跑偏是指汽车在制动时自动向一侧偏转的现象。导致制动跑偏的原因主要有两方面，一方面是两侧车轮的制动力不均衡，这是汽车自身的内部因素；另一方面是两侧车轮与地面的附着力不相同，这是与汽车无关的外部因素。制动跑偏的情况不是很常见，一旦发现就要及时修理，尤其是冬天。制动跑偏将严重威胁行车安全。

4. 制动软化

制动软化指的是大力踩制动踏板到底，车还是只能缓缓停下，感觉制动没有力度这种现象。事实上，制动器的软化意味着制动行程更长。简单来说，之前踩一脚就可以制动，变软后需要一直踩才能停住，给人感觉车停不下来。这种情况主要是因为制动液长时间没换、制动系统有空气、制动片变薄、制动液缺乏等原因。出现此类问题时应及时检查这些项目。

5. 制动变得很硬

相对于制动变软，制动变硬是普遍现象。这是因为制动助力器系统多为真空助力，电机没有起动时，制动系统的真空泵不会产生动力。这个时候没有踩制动踏板的助力，自然感觉很重。所以，当车制动时踩制动踏板特别用力，很可能是真空助力器有问题（这种现象也可能是频繁制动造成的）。

6. ESP 灯常亮

一般情况下，ESP 系统默认开启。当汽车打滑或 ESP 工作时，ESP 灯会一直闪烁，这是正常的。但当 ESP 灯常亮，就证明存在故障。这一般多是由于传感器信号错误或传感器损坏、执行器故障、控制单元故障、系统连接线故障等原因。

道路千万条，安全行车第一条，对制动系统的检查不容忽视。

任务分组

学生任务分配表见表 5-2-1。

表 5-2-1 学生任务分配表

班级		组号		指导老师	
组长		学号			
组员角色分配					
信息员		学号			
操作员		学号			
记录员		学号			
安全员		学号			
任务分工					
（就组织讨论、工具准备、数据采集、数据记录、安全监督、成果展示等工作内容进行任务分工）					

| 姓名 | 班级 | 日期 | 能力模块五 掌握底盘系统构造与拆装方法 |

工作计划

按照前面所了解的知识内容和小组内部讨论的结果，制定工作方案，落实各项工作负责人，如任务实施前的准备工作、实施中主要操作及协助支持工作、实施过程中相关要点及数据的记录工作等，见表 5-2-2。

表 5-2-2　工作计划表

步骤	工作内容	负责人
1		
2		
3		
4		
5		
6		
7		
8		

进行决策

1）各组派代表阐述资料查询结果。
2）各组就各自的查询结果进行交流，并分享技巧。
3）教师对各组的计划方案进行点评。
4）各组长对组内成员进行任务分工，教师确认分工是否合理。

任务实施

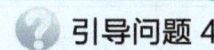 引导问题 4

扫描二维码观看视频，了解秦 EV 制动系统的检查与紧固过程，并简述操作要点。

_____

_____

车辆制动系统的检查与紧固（秦 EV）

参考操作视频，按照规范作业要求完成相应的操作步骤，完成数据采集并记录。如表 5-2-3、表 5-2-4 所示。

表 5-2-3　实训准备

实训准备			
序号	设备及工具名称	数量	设备及工具是否完好
1	比亚迪秦 EV	1 辆	□是　□否

（续）

序号	设备及工具名称	数量	设备及工具是否完好
2	一体化工量具	1套	□是　□否
3	人员防护套装	1套	□是　□否
4	万用表	1台	□是　□否
5	三层工具车	1辆	□是　□否
质检意见	原因：		□是　□否

表 5-2-4　车辆制动系统的检查与紧固

序号	步骤	记录	完成情况
	车辆制动系统的检查与紧固		
1	认识并检查制动主缸 检查损坏或漏油迹象：油杯或油杯油封、管路接头、制动主缸和辅助装置之间 其他检查项目：若油杯盖上的油封鼓起，说明被矿物油污染		□已完成 □未完成
2	认识并检查制动软管 检查损坏或漏油迹象：管路接头与制动器连接端、扁接头、软管和管路 其他检查项目：管路鼓起、扭曲或弯曲		□已完成 □未完成
3	认识并检查制动钳 检查损坏或漏油迹象：活塞密封、制动软管扁接头、排气阀螺钉 其他检查项目：制动钳销卡滞或粘结		□已完成 □未完成
4	认识并检查 ESP 控制单元 检查损坏或漏油迹象：管路接头、液压单元		□已完成 □未完成
5	认识并检查真空泵 检查损坏或漏油迹象：真空管路及其接头密封性、真空单向阀是否工作正常		□已完成 □未完成
6	其他检查项目 真空泵是否工作正常		□已完成 □未完成
7	车辆制动系统的紧固 检查各零部件螺钉是否松动，若松动，则需紧固		□已完成 □未完成
8	实训现场 6S 整理		□已完成 □未完成
总结提升			□已完成 □未完成
质检意见	原因：		□已完成 □未完成

评价反馈

1）各组代表展示汇报 PPT，介绍任务的完成过程。
2）请以小组为单位，对各组的操作过程与操作结果进行自评和互评，并将结果填入综合评价表（表 5-2-5）中的小组评价部分。
3）教师对学生工作过程与工作结果进行评价，并将评价结果填入综合评价表中的教师评价部分。

表 5-2-5　综合评价表

班级		组别		姓名		学号	
实训任务							
评价项目		评价标准				分值	得分
小组评价	计划决策	制定的工作方案合理可行，小组成员分工明确				10	
	任务实施	能够正确检查并设置实训工位				5	
		能够准备和规范使用工具设备				5	
		能够正确完成秦 EV 制动系统的检查与紧固前的准备工作				20	
		能够正确完成秦 EV 制动系统的检查与紧固工作				20	
		能够规范填写任务工单				10	
	任务达成	能按照工作方案操作，按计划完成工作任务				10	
	工作态度	认真严谨、积极主动，安全生产，文明施工				10	
	团队合作	小组组员积极配合、主动交流、协调工作				5	
	6S 管理	完成竣工检验、现场恢复				5	
		小计				100	
教师评价	实训纪律	不出现无故迟到、早退、旷课现象，不违反课堂纪律				10	
	方案实施	严格按照工作方案完成任务实施				20	
	团队协作	任务实施过程互相配合，协作度高				20	
	工作质量	能准确完成本节的实训任务				20	
	工作规范	操作规范，三不落地，无意外事故发生				10	
	汇报展示	能准确表达、总结到位、改进措施可行				20	
		小计				100	
综合评分		小组评价分 ×50% + 教师评价分 ×50%					
总结与反思							
（如：学习过程中遇到什么问题→如何解决的 / 解决不了的原因→心得体会）							

任务三　拆装悬架系统

学习目标

- 掌握行驶系统的作用。
- 掌握行驶系统的结构。
- 掌握悬架系统的作用和类型。
- 具备辨识并检查悬架系统部件的能力。
- 了解实训中可能存在的安全问题，明确职业道德中的敬业精神在实际操作中的重要性。

知识索引

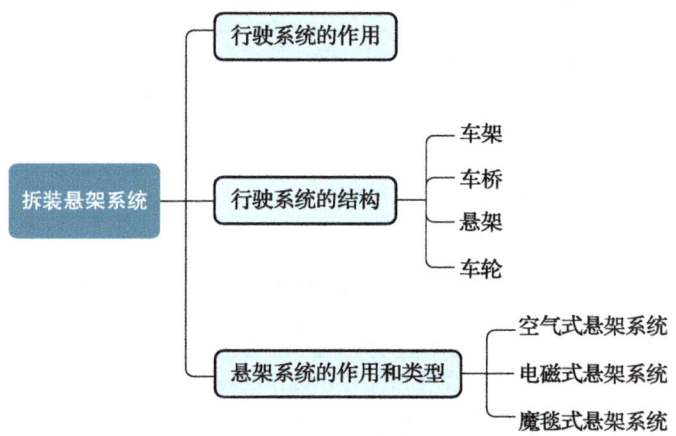

情境导入

悬架系统是汽车的车架与车桥或车轮之间的一切传力连接装置的总称，其功能是传递作用在车轮和车架之间的力和力矩，并且缓冲由不平路面传给车架或车身的冲击力，衰减由此引起的振动，以保证汽车平顺行驶。市场上的悬架系统分为空气式、电磁式等多个类型，你了解悬架系统的结构与工作原理吗？

获取信息

引导问题 1

请查阅相关资料,简述行驶系统的作用。
_____
_____
_____

行驶系统的作用

行驶系统的主要作用如下:
1)支承汽车的总质量。
2)接受由发动机经传动系统传来的转矩,并通过驱动轮与地面之间的附着作用产生驱动力,以保证整车正常行驶。
3)传递并支承路面作用于车轮上的各种反力及其所形成的力矩。
4)尽可能地缓和不平路面对车身造成的冲击和振动,保证汽车平顺行驶。

引导问题 2

请查阅相关资料,简述行驶系统的结构。
_____
_____
_____

行驶系统的结构

行驶系统一般由车架、车桥、悬架和车轮组成,如图 5-3-1 所示。

一、车架

车架是汽车的基体,一般由 2 根纵梁和 5~6 根横梁组成,由悬架、前桥、后桥支承在车轮上,具有足够的强密和刚度,可以承受汽车的载荷和从车轮传来的冲击。

图 5-3-1 行驶系统

早期汽车所使用的车架,大多都是由笼状的钢骨梁柱所构成的,也就是在两支平行的主梁上,以类似阶梯的方式加上许多左右相连的副梁制造而成。车体建构在车架之上,将车门、车身钣金件、发动机舱盖、行李舱盖等钣金件,包覆于车体之外,因此,车体与车架应是属于两个独立的构造。这种设计的最大好处在于轻量化与刚性同时兼顾。

现代汽车绝大多数都具有作为整车骨架的车架。汽车绝大多数部件及总成都是通过车架来固定的，如发动机、传动系统、悬架系统、转向系统、驾驶室、行李舱和相关操作机构。车架起到支撑连接汽车各零部件的作用，并承受来自车内外的各种载荷。如图5-3-2所示。

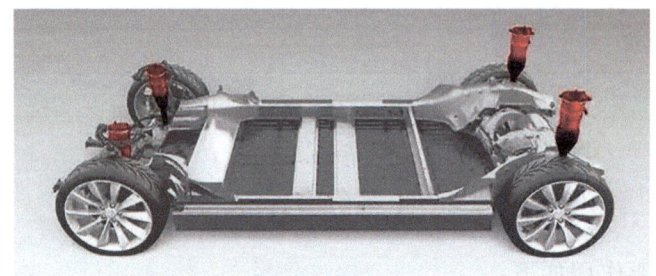

图5-3-2　比亚迪秦EV车架

二、车桥

车桥也称车轴，通过悬架和车架（或承载式车身）相连，两端安装汽车车轮，其功能是传递车架（或承载式车身）与车轮之间各方向的作用力。

如图5-3-3所示，车桥可以是整体式的，像一个巨大的杠铃，两端通过悬架系统支撑着车身，因此，整体式车桥通常与非独立悬架配合。车桥也可以是断开式的，各自通过悬架系统支撑车身，所以断开式车桥与独立悬架配用。

图5-3-3　车桥

三、悬架

悬架是汽车的车架与车桥或车轮之间的一切传力连接装置的总称，其作用是传递作用在车轮和车架之间的力和力矩，并且缓冲由不平路面传给车架或车身的冲击力，衰减由此引起的振动，以保证汽车能平顺地行驶。典型的悬架结构由弹性元件、导向机构以及减振器等组成，个别结构则还有缓冲块、横向稳定杆等。弹性元件又有钢板弹簧、空气弹簧、螺旋弹簧以及扭杆弹簧等形式，而现代轿车悬架多采用螺旋弹簧和扭杆弹簧，个别高级轿车则使用空气弹簧。

根据悬架控制形式可以分为被动式悬架和主动式悬架。

1）被动悬架是由钢板弹簧或螺旋弹簧、减振器组成的机械式悬架系统，系统各元件的特性不可调整，只能被动地吸收能量、缓和冲击，因而它属于被动悬架。

2）主动悬架在其结构中植入了可人工或自动控制发力的调节机构，并能根据路面情况自动调节减振器刚度和阻尼，以获得更好的行驶舒适性。主动悬架是近十几年发展起来的、由计算机控制的一种新型悬架，它汇集了力学和电子学的技术知识，是一种比较复杂的高技术装置。图5-3-4所示是装置了主动悬架的法国雪铁龙桑蒂雅车型，该车悬架系统的中枢是一个微型计算机，悬架上的5种传感器分别向微型计算机传送车速、前轮制动压力、踏动加速踏板的速度、车身垂直方向的振幅及频率、转向盘角度及转向速度等数据,计算机不断接收这些数据并与预先设定的临界值进行比较,选择相应的悬架状态。同时,微型计算机独立控制每一只车轮上的执行元件,通过控制减振器内油压的变化产生抽动,从而能在任何时候、任何车轮上产生符合要求的悬架运动。

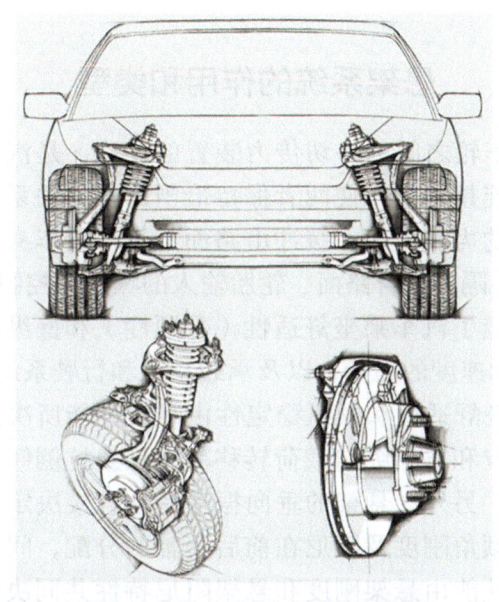

图 5-3-4 桑蒂雅车型主动悬架

四、车轮

如图 5-3-5 所示,车轮与轮胎是汽车行驶系统中的重要部件,其主要功能是支持整车,缓和由路面传来的冲击力,通过轮胎同路面的附着作用来产生驱动力与制动力,保证汽车正常转向并保持直线行驶。车轮通常由两个主要部件(轮辋和轮辐)组成,轮辋是在车轮上安装和支承轮胎的部件,轮辐是在车轮上介于车轴和轮辋之间的支撑部件。车轮除上述部件外,有时还包含轮毂。

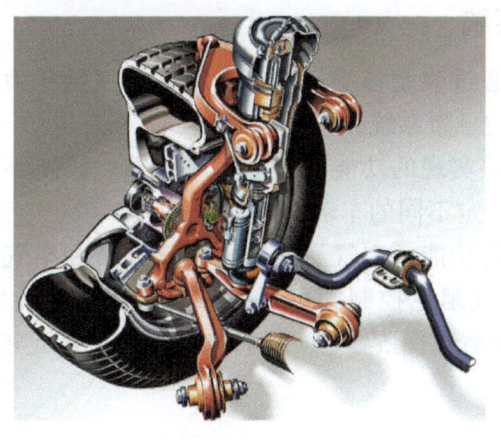

图 5-3-5 车轮

 引导问题 3

请查阅相关资料，简述悬架系统的作用和类型。

_____
_____
_____

悬架系统的作用和类型

悬架系统是车架与车轮之间的一切传力装置的总称，是汽车上的一个重要总成，它将车身与车轮弹性地连接起来，使两者保持恰当的几何关系。它的主要任务是在车轮和车身之间传递所有的力和力矩，缓冲由路面不平传给车身的冲击载荷，衰减由此引起的承载系统的振动，隔离来自路面、轮胎输入的噪声，控制车轮运动轨迹。因此，悬架性能的优劣不仅决定了汽车乘坐舒适性（平顺性）和操纵稳定性，还关系着汽车的动力性发挥和平均技术速度的高低，以及承载系统和行驶系统的动载。

车辆运动及车辆乘坐舒适性和操纵稳定性由悬架性能所决定。悬架抗俯仰性能决定了车身俯仰角运动响应和车辆纵向载荷转移率，悬架抗侧倾性能决定了车身侧倾角响应和车辆侧向稳定性。另外，悬架的垂向振动特性直接决定了车身的垂向跳动响应和乘坐舒适性，悬架侧倾角刚度及阻尼在前后车轴的分配，间接影响了车辆的乘坐舒适性。上述的悬架四个性能由悬架刚度和悬架阻尼特性共同决定，又分别对应汽车行驶中发生的 4 种运动模式即侧倾运动（Roll）、俯仰运动（Pitch）、垂向跳动（Bounce）和翘曲运动（Warp）。这 4 种运动模式相互耦合影响，使得采用传统被动悬架系统无法同时实现对这 4 种运动模式进行独立调节，也就无法同时兼备最佳乘坐舒适性和最优操纵稳定性。因此，针对车辆的运动模式，现代车辆越来越多采用悬架弹簧刚度和悬架减振阻尼可调的主动悬架系统和半主动悬架系统。两者比较，主动悬架应用范围更广，分为三种类型即空气式、电磁式，以及魔毯式，接下来我们重点了解这三类主动悬架系统。

一、空气式悬架系统

空气式悬架系统是通过改变各空气弹簧中压缩空气的压力和体积来改变汽车减振系统的软硬和车身高度的悬架系统。

空气式悬架系统能够实现的功能有自动水平调节、设定不同的车辆高度、根据车速自动调节车身高度、设定不同的车辆减振阻尼。

为了实现如上提到的功能，空气悬架分成空气弹簧和空气阻尼控制阀两大组成部分。由于空气弹簧和空气阻尼控制阀可通过软管相连，因此它可以分成分离式布置（图 5-3-6）和一体式布置（图 5-3-7）两种布局。从而满足不同车型不同空间的布置要求。

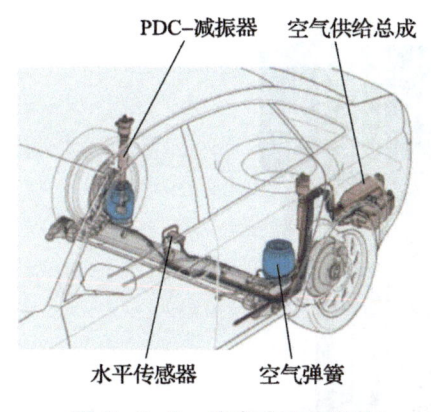

图 5-3-6 分离式空气悬架

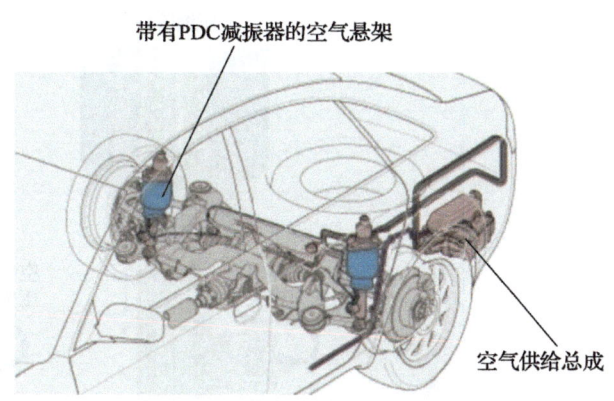

图 5-3-7 一体式空气悬架

以奥迪 A6 后空气悬架为例,内部结构如图 5-3-8 所示,装有气动控制减振器(以下简称 PDC)。这种减振器阻尼力的变化是通过一个单独的 PDC 阀来实现的。PDC 阀集成在减振器内,它用一根软管与空气弹簧气室相连。空气弹簧的压力(该压力与载荷成比例)作为可调参数来控制 PDC 阀上的可变节流口,这影响了减振器内的液压油流动阻力,因而也影响了回弹和压缩时的阻尼力。

为了平衡空气弹簧中动态压力变化(压缩和回弹状态),PDC 阀的空气接口上装有一个节流阀。工作腔 1 通过一个小孔与 PDC 阀相连:当空气弹簧压力较小时(空载或很小的部分负荷),PDC 阀所形成的液压油流动阻力小,使一部分减振液压油流过阻尼阀,于是阻尼力就减小;当空气弹簧压力较大时,那么空气阻尼控制阀所形成的液压油流动阻力也大,于是阻尼力就增大了。PDC 阀的流动阻力与控制压力(空气弹簧压力)有固定的对应关系,阻尼力由相应的阻尼阀和 PDC 阀形成的流动阻力来决定,如图 5-3-9 与图 5-3-10 所示。

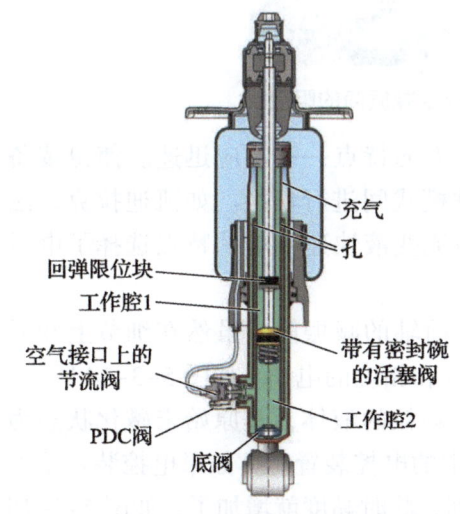

图 5-3-8 空气悬架内部结构示意图

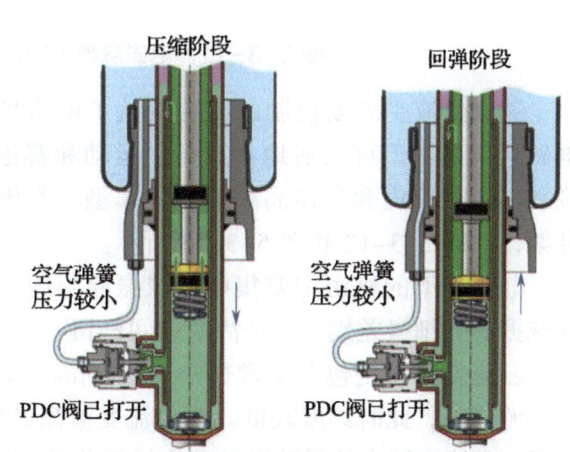

图 5-3-9 空气悬架低空气压力时的压缩回弹过程示意图

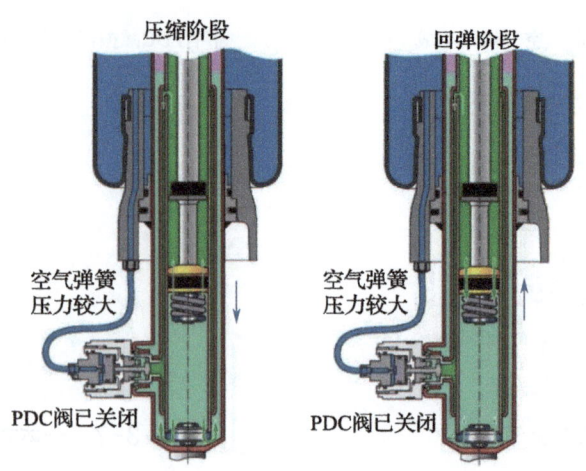

图 5-3-10　空气悬架高空气压力时的压缩回弹过程示意图

二、电磁式悬架系统

电磁式悬架不同于空气式,但仍使用弹簧提供支撑力,如图 5-3-11 所示。但它的减振筒内部不是传统的液压油,而是磁流变液(Magneto-Rheological Fluid)。磁流变液的特点就是可通过电控的磁场来灵活调节磁流变液的黏度,从而控制减振筒的阻尼,也就是改变悬架的软硬。

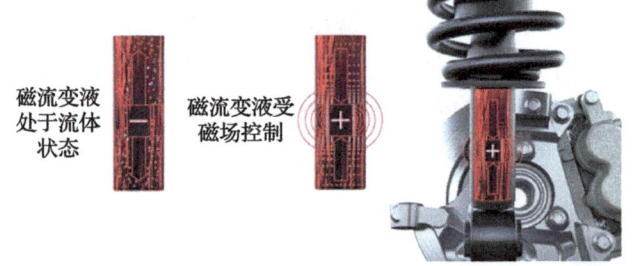

图 5-3-11　电磁悬架可通过磁场控制减振筒的阻尼

磁流变液受磁场控制的特性成就了电磁悬架最大的特点——响应迅速。使得装备电磁悬架的车型可灵活地在旅行、运动和赛道驾驶模式间进行切换。如凯迪拉克,法拉利、捷豹路虎和奥迪品牌的多款车型,都因为磁流变液快速响应的特点选择了电磁悬架,如图 5-3-12 和图 5-3-13 所示。

电磁悬架的秘密主要集中在减振筒当中。位于前轴的减振筒,虽然在细节上和后轴减振筒有细微差别。但是活塞中间都留有电控装置和相应的电缆,如图 5-3-14 所示。

磁流变液就是包含非常微小(3~10μm)的磁性颗粒的液体,其原始未磁化状态为自由游离态,此时黏度较低。当磁流变液流经活塞中的电控装置时,如果电控装置施加磁场,磁流变液中的磁性颗粒就会被磁化并规则排列,此时黏度就增加了,如图 5-3-15 所示。

电磁式悬架系统正是基于磁流变效应对减振筒的阻尼进行调节的,从而达到控制主动悬架响应的目的,如图 5-3-16 所示。

图 5-3-12　凯迪拉克 XTS 配备电磁式悬架系统

图 5-3-13　配备电磁悬架的奥迪 TT 主动悬架系统

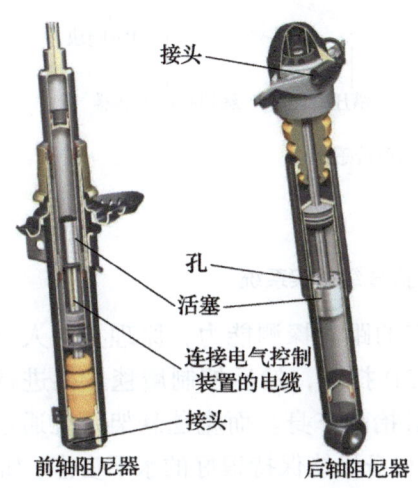

图 5-3-14　电磁悬架的减振筒细节

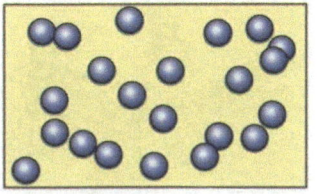

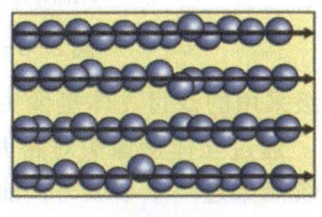

图 5-3-15　磁流变效应工作原理

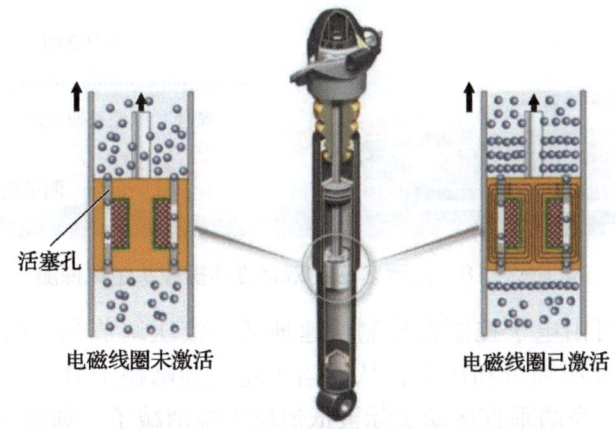

图 5-3-16　电磁悬架基于磁流变效应调整阻尼

三、魔毯式悬架系统

下面以安装"魔毯"线控悬架系统（Magic Body Control）的 2014 款奔驰 S 级为例讲解。该车的魔毯悬架系统由多个传感器和执行器组成。传感器由内后视镜后方的前视双目立体摄像头、三轴加速度传感器和车身高度传感器构成。执行器由弹簧支撑杆、电子控制器和由液压管路、液压泵、冷却器、液压油储槽及控制阀组成的液压伺服机制构成，如图 5-3-17 所示。

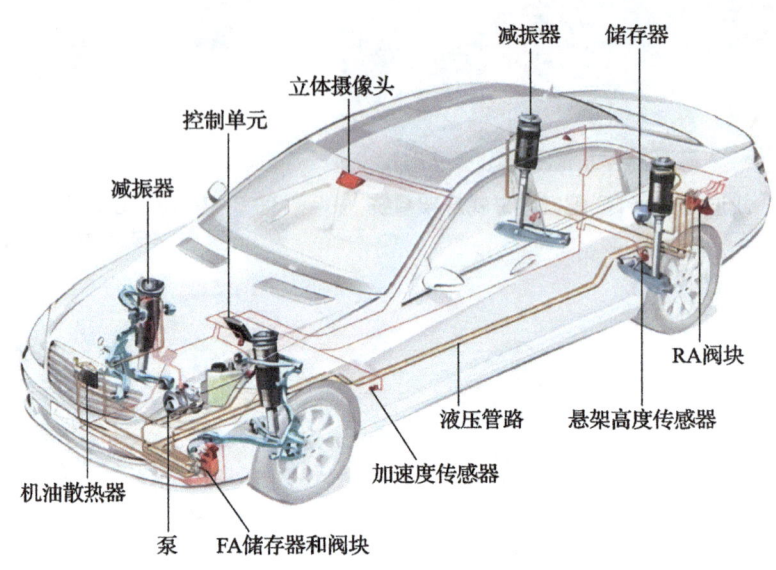

图 5-3-17　奔驰 S 级悬架系统

奔驰 S 级采用的双目立体摄像头有一定的距离探测能力，原理类似人类双眼感知位置的能力。通过立体摄像头对路面进行 3D 扫描，然后控制魔毯悬架进行相应的响应。比如传统悬架过一个小坡时，前轮势必抬高车身。而魔毯悬架系统通过立体摄像头感知路面高度上升而对应降低悬架，此时车身仍能保持很好的水平姿态，如图 5-3-18 所示。

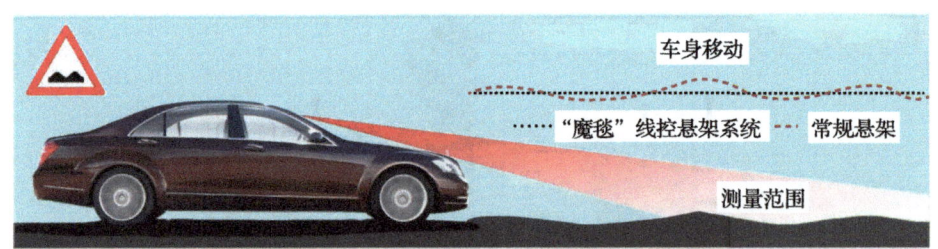

图 5-3-18　奔驰 S 级的双目立体摄像头距离探测

液压伺服机制可由电子控制器控制快速地通过液压调节车身高度。具体工作原理是通过液压阀调节液压油量和压力，从而当车轮遇到障碍上升时，快速抬高弹簧支撑杆中的活塞，此时车身的垂直运动实际被抵消而大幅消减了，如图 5-3-19 所示。

综上所述，魔毯悬架并没有像空气悬架那样通过空气压力调整弹簧支撑力和减振筒阻尼，也不像电磁悬架和 CDC 液力悬架那样主要调节减振筒的特性，而是直接通过液力伺服机制快速调节弹簧支持杆上下运动，从而配合立体摄像头，让车身在各种路面上保持水平。

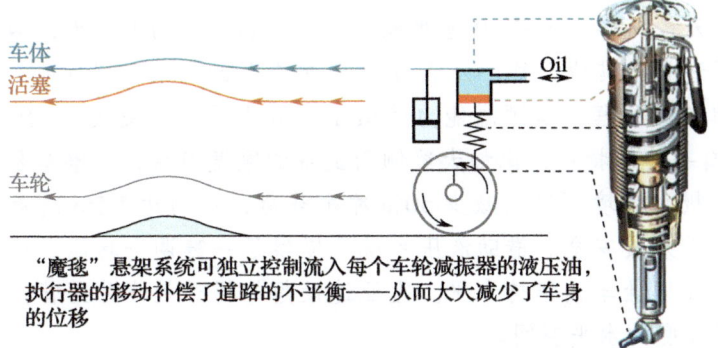

"魔毯"悬架系统可独立控制流入每个车轮减振器的液压油，执行器的移动补偿了道路的不平衡——从而大大减少了车身的位移

图 5-3-19　奔驰 S 悬架系统原理示意图

拓展阅读

车海玄学共一石，底盘悬架占八斗。

比亚迪找到了一个既贴切又富美感的中国风名字："云辇"。所谓"云辇"，其实是比亚迪一众悬架新技术打包后的品牌名称。在这个技术品牌比亚迪打造三套各不相同的悬架系统：云辇-C、云辇-A 和云辇-P 系列。

1. 云辇-C，它的基础类似现在常见的 CDC 连续可变阻尼悬架（可通过控制减振器中的电磁阀开闭以改变阻尼大小），在此基础上比亚迪将云辇-C 加入了对 ADAS 感知元件的路面信息融合，这样可以实现普通 CDC 所不具备的前馈能力，比如感知障碍物时减小减振器阻尼。云辇-C 在硬件上仅要求 CDC 减振器，对于悬架结构没有太高的要求，目前主要搭载车辆有比亚迪汉、唐，以及腾势 D9 部分高配车型（拥有 CDC 减振器的配置版本）。

2. 云辇-A，需要以空气悬架作为门槛。空气弹簧提供了车身高度调节能力，比如在高速时降低车身减阻、装载/烂路升高底盘等；对于采用多腔室空气弹簧的车型，还可以更自由地调整悬架刚度（单腔空气弹簧刚度与高度挂钩）。云辇-A 的独特之处，一方面也是融合感知能力所获得的前馈控制，在探查到前方路面凹凸时适时调节阻尼大小。另一方面比亚迪别出心裁地将空气弹簧气路与座椅侧翼内的气囊连通，激烈驾驶时可向侧翼气囊充气，帮助乘员稳定身体。因为空气弹簧是硬性要求，云辇-A 的一个潜在门槛是车辆采用双叉臂/五连杆结构前悬架。目前，包括汉/唐在内的大部分比亚迪王朝车型在硬件上无法支持，首款搭载云辇-A 的车型是腾势 N7。

3. 云辇-P，这是目前专属于仰望 U8 的一个"辇"。云辇-P 的核心是四轮联动液压系统。首先，它不再需要空气弹簧，液压系统提供了更强大的高度调节能力。四个减振器中的液压油彼此互通，电动液压泵控制油压来改变悬架"软硬"，取代了传统的防倾杆，还增加了抵御纵倾的能力。对于仰望 U8 这样的硬派越野车，无防倾杆大大释放了单边车轮的动作范围，同时又不影响正常行车时的抗侧倾能力。比亚迪给出了一个数据 RTI 坡道行进指数 >600，这是用于评价越野环境车轮循迹性的量化指标。

和其他云辇一样，云辇-P当然也拥有融合感知路面的能力，即所谓"云辇预瞄"。不过相比其他云辇，云辇-P具备更丰富的悬架可调节项，以及四轮联动带来的单轮大行程，其预瞄能力的演示视频也是难度更大的off-road路面。云辇-P还有一些新特性，比如大梁侧面配备的刚度模块，让整车悬架具备三级刚度可调。极端环境下可以减少50%冲击载荷，在高达1.5m跌落时（比如不慎飞车）保护乘员安全。借助液压系统还提供了一键调平功能，在任何路面自动调节四轮高度让车辆保持水平。比亚迪设想的场景是户外露营，可以随时让车辆变成零坡度的水平空间。

因为有了云辇-P的搭载，为比亚迪冲击百万豪华越野车市场提供了可能，在自主巨头中，比亚迪是唯一一家能够与国外高端品牌汽车抗衡的国内汽车厂家，实现了国内自主品牌的高端化发展。

任务分组

学生任务分配表见表5-3-1。

表5-3-1 学生任务分配表

班级		组号		指导老师	
组长		学号			
组员角色分配					
信息员		学号			
操作员		学号			
记录员		学号			
安全员		学号			
任务分工					
（就组织讨论、工具准备、数据采集、数据记录、安全监督、成果展示等工作内容进行任务分工）					

工作计划

按照前面所了解的知识内容和小组内部讨论的结果，制定工作方案，落实各项工作负责人，如任务实施前的准备工作、实施中主要操作及协助支持工作、实施过程中相关要点及数据的记录工作等，见表 5-3-2。

表 5-3-2 工作计划表

步骤	工作内容	负责人
1		
2		
3		
4		
5		
6		
7		
8		

进行决策

1）各组派代表阐述资料查询结果。
2）各组就各自的查询结果进行交流，并分享技巧。
3）教师对各组的计划方案进行点评。
4）各组长对组内成员进行任务分工，教师确认分工是否合理。

任务实施

引导问题 4

扫描二维码观看视频，了解秦 EV 悬架系统的检查过程，并简述操作要点。

_____

_____

悬架系统的检查
（秦 EV）

参考操作视频，按照规范作业要求完成相应的操作步骤，完成数据采集并记录。如表 5-3-3、表 5-3-4 所示。

表 5-3-3 实训准备

实训准备			
序号	设备及工具名称	数量	设备及工具是否完好
1	比亚迪秦 EV	1 辆	□是 □否

（续）

序号	设备及工具名称	数量	设备及工具是否完好
2	一体化工量具	1套	□是　□否
3	人员防护套装	1套	□是　□否
4	万用表	1台	□是　□否
5	三层工具车	1辆	□是　□否
质检意见	原因：		□是　□否

表 5-3-4　悬架系统的检查

悬架系统的检查			
序号	步骤	记录	完成情况
1	站在车辆正前方2m，查看车辆是否有明显的不平衡，如车辆左前方塌陷等情况的发生		□已完成 □未完成
2	断开低压蓄电池负极，并使用绝缘胶带缠绕负极接头		□已完成 □未完成
3	检查4个轮胎的花纹，看是否有不正常磨损的，如果其中某个磨损严重，可能就是其上的减振器损坏，这时就可以用全身的力气压住这一侧的车身，然后离开，离开之后如果车辆摇晃7、8下才稳定，就可能是减振器损坏需要更换，摇晃3、4下稳定证明没问题		□已完成 □未完成
4	目视检查，减振器是否有明显漏油现象，减振器上是否沾有油泥。以上情况都证明减振器损坏需要更换		□已完成 □未完成
5	目视检查完毕之后，用手检查，触摸减振器防尘套内部的活塞杆，然后将手拿出看手上是否有油污，有油污证明减振器油封损坏。反之正常		□已完成 □未完成
6	其余三个减振器都按照以上方法操作		□已完成 □未完成
7	**实训现场 6S 整理**		□已完成 □未完成
总结提升			□已完成 □未完成
质检意见	原因：		□已完成 □未完成

评价反馈

1）各组代表展示汇报PPT，介绍任务的完成过程。

2）请以小组为单位，对各组的操作过程与操作结果进行自评和互评，并将结果填入综合评价表（表5-3-5）中的小组评价部分。

3）教师对学生工作过程与工作结果进行评价，并将评价结果填入综合评价表中的教师评价部分。

表 5-3-5 综合评价表

班级		组别		姓名		学号	
实训任务							
评价项目		评价标准				分值	得分
小组评价	计划决策	制定的工作方案合理可行，小组成员分工明确				10	
	任务实施	能够正确检查并设置实训工位				5	
		能够准备和规范使用工具设备				5	
		能够正确完成悬架系统检查前的准备工作				20	
		能够正确完成秦 EV 悬架系统的检查				20	
		能够规范填写任务工单				10	
	任务达成	能按照工作方案操作，按计划完成工作任务				10	
	工作态度	认真严谨、积极主动，安全生产，文明施工				10	
	团队合作	小组组员积极配合、主动交流、协调工作				5	
	6S 管理	完成竣工检验、现场恢复				5	
		小计				100	
教师评价	实训纪律	不出现无故迟到、早退、旷课现象，不违反课堂纪律				10	
	方案实施	严格按照工作方案完成任务实施				20	
	团队协作	任务实施过程互相配合，协作度高				20	
	工作质量	能准确完成本节的实训任务				20	
	工作规范	操作规范，三不落地，无意外事故发生				10	
	汇报展示	能准确表达、总结到位、改进措施可行				20	
		小计				100	
综合评分		小组评价分 ×50% + 教师评价分 ×50%					
总结与反思							

（如：学习过程中遇到什么问题→如何解决的 / 解决不了的原因→心得体会）

新能源汽车构造

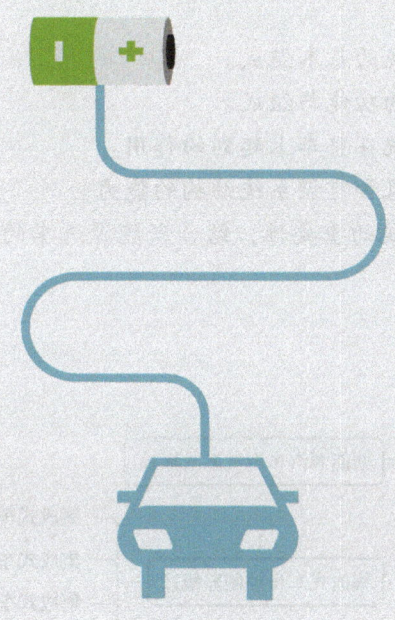

能力模块六
掌握电子电气系统构造与拆装方法

任务一 认知新能源汽车电子电气系统架构

学习目标

- 掌握新能源汽车电气系统的基本组成。
- 掌握集成式车身控制器的功能与组成。
- 掌握新能源汽车电气系统在整车上起到的作用。
- 具备辨识新能源汽车暖风和空调系统结构的能力。
- 了解新能源汽车电气系统的重要性,结合新能源汽车的发展趋势思考行业的发展方向。

知识索引

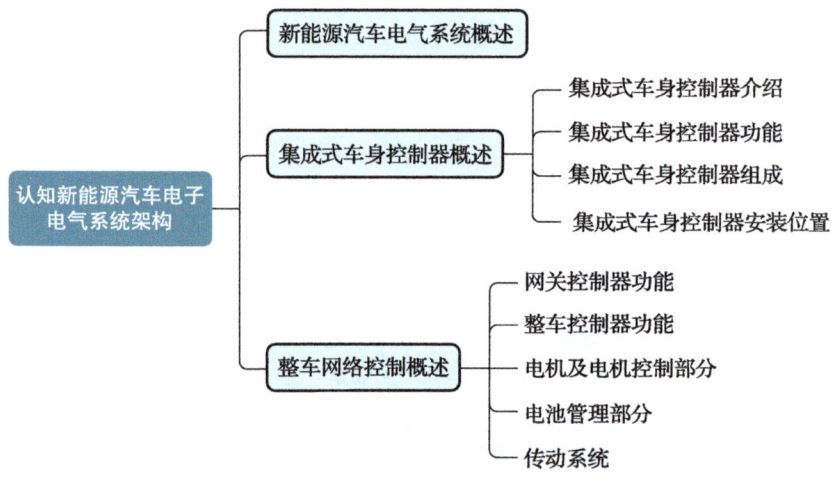

情境导入

随着技术的发展,新能源汽车越来越多的功能都实现了电控化、自动化,车身电子控制单元多达数百个,电子器件分布更是复杂。作为某车企的技术培训师,领导安排你向4S店的维修技师介绍电动汽车电气系统的结构,你要如何完成这个任务呢?

获取信息

引导问题 1

请查阅相关资料,简述新能源汽车电气系统的主要组成有哪些?

_____
_____
_____

新能源汽车电气系统概述

电气系统是电动汽车的"血管神经",承担着能量与信息传输的功能,对纯电动汽车的动力性、经济性、安全性等有很大的影响,是电动汽车的重要组成部分。它主要由三大部分组成:高压电气系统、低压电气系统、整车网络化控制系统。图 6-1-1 是纯电动汽车电气系统结构图。

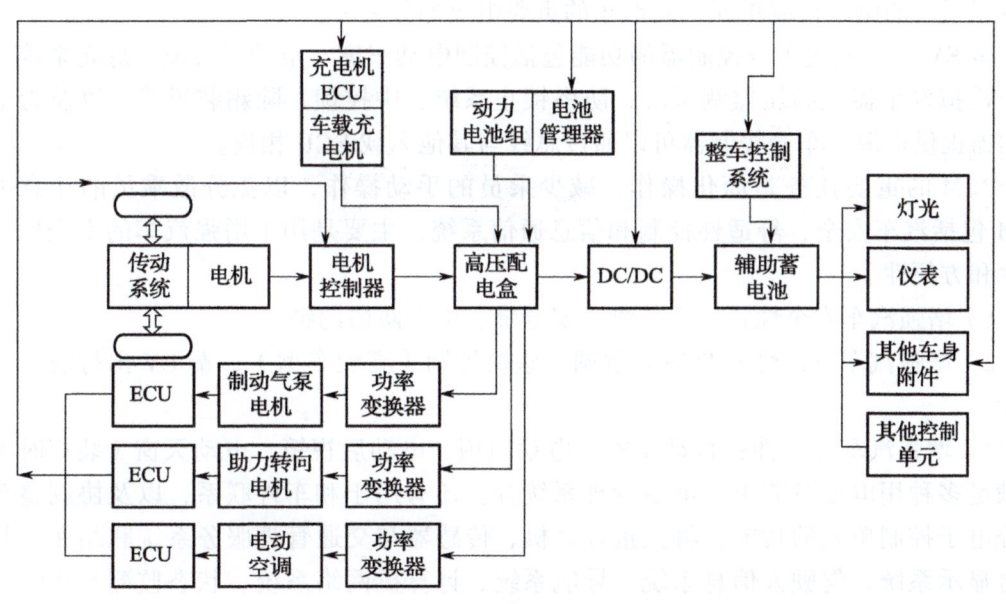

图 6-1-1　纯电动汽车整车电气图

1)高压电气系统:由动力电池、驱动电机、功率变换器等高压电气设备组成。

2)低压电气系统:由直流 12V 或 24V 的电源提供电能。一方面为灯光、刮水器等常规低压电器供电,另一方面为整车控制器、辅助部件、高压电气设备的控制电路供电。它主要由 DC/DC 功率变换器、辅助蓄电池、控制器单元和若干低压电气设备组成。

3)整车网络化控制系统:新能源汽车整个电气系统(如驱动电机控制系统、电池管理系统、车载充电系统、电动辅助系统、高/低压电气系统等)由中央控制单元 ECU 通过 CAN 总线传输信号或指令,控制各种执行器件按照驾驶人的意图来控制整车运行,并由各种传感器反馈整车运行的实时信息,由中央控制单元 ECU 进行运算和调整,

确保新能源汽车运行的可靠性及安全性。

主要组成：整车控制器、电机控制器、电池管理系统、信息显示系统和通信总线 CAN 网络系统等。

> **引导问题 2**
>
> 请查阅相关资料，简述集成式车身控制器的功能。
>
> _____
> _____
> _____

集成式车身控制器概述

一、集成式车身控制器介绍

集成式车身控制器（Body Control Module，BCM），在汽车工程中是指用于控制车身电器系统的电子控制单元，是汽车的重要组成部分之一。

秦 EV 的集成式车身控制器的功能包括控制电动车窗、电动后视镜、灯光系统、引擎声模拟发生器、胎压监测系统、防盗锁止系统、中控锁、除霜装置等，以及为空调控制器提供电源。车身控制器可以通过总线与其他车载 ECU 相连。

BCM 的重要任务是简化操作，减少乘员的手动操作，以免分散乘员的注意力。BCM 包括汽车安全、舒适性控制和信息通信系统，主要是用于增强汽车的安全性、舒适性和方便性。

1）增强汽车安全性：安全气囊、安全带、中央防盗门锁。

2）增强汽车舒适性：自适应空调、座椅控制（高配车型）；秦 EV 出行版没有此功能。

3）增强汽车方便性：自动车窗、电动门锁、电动后视镜、电动天窗（装有时）等和满足多种用电设备需求的电源管理系统等。还有用于和车外联系，以及协调整车各部分电子控制单元的功能，将大量计算机、传感器与交通管理服务系统联结在一起的综合显示系统、驾驶人信息系统、导航系统、计算机网络系统、状态监测与故障诊断系统等。

二、集成式车身控制器功能

1）接收传感器或其他装置输入的信息，将输入的信息转变为微处理器所能接收的信号。

2）存储、计算、分析处理信息，分析输出值所用的程序，存储该车型的特点参数、运算中的数据（随存随取），存储故障信息。

3）运算分析。根据信息参数求出执行命令数据，将输入的信息与标准值对比，查处故障。

4）输出执行命令。将弱信号转变为执行命令，输出故障信息，自我修正。

三、集成式车身控制器组成

1）输入回路：输入车身控制器的传感器信号有两种，一种是模拟信号；另一种是数字信号。信号的类型不同，输入车身控制器后的处理方法也不一样。从传感器输出的信号输入车身控制器后，首先通过输入回路，输入回路将模拟信号和数字信号转换为合适的电平后输入微控制器。

2）微控制器：微控制器的主要功能是根据车身控制的需要，把各种传感器送来的信号用内存的程序和数据进行运算处理，并把处理结果送往输出回路。

3）输出回路：由于微控制器输出的是电压很低的数字信号，这种信号一般是不能直接驱动执行元件的，而输出回路的功用就是将微控制器输出的数字信号转变为可执行元件的输入信号。

四、集成式车身控制器安装位置

集成式车身控制器（BCM）安装在驾驶室内，转向盘下方。图6-1-2所示为集成式车身控制器的安装位置。

图6-1-2　集成式车身控制器安装位置

> **引导问题3**
>
> 请查阅相关资料，简述整车网络控制中网关控制器的功能。
> _____
> _____
> _____

整车网络控制概述

一、网关控制器功能

由于车载总线中存在几个网络，这些网络之间进行通信的时候就是通过网关进行联系的。因此，网关是网络联系的中间体。2020款秦EV出行版的网关控制器是一个独立个体，2021款秦EV的网关控制器功能集成于集成式车身控制模块中（即多合一模块）。网关控制器有以下3个功能。

报文路由：网关具有转发报文的功能，并对总线报文状态进行诊断。

信号路由：实现信号在不同报文之间的映射。

网络管理：对网络状态监测与统计，进行错误处理、休眠唤醒等。

图 6-1-3 所示为秦 EV 整车部件网络关联图。通过关联图我们可以知道，网关控制器与整车控制器、前驱电动总成、电池管理器、驻车控制器等都有关联。

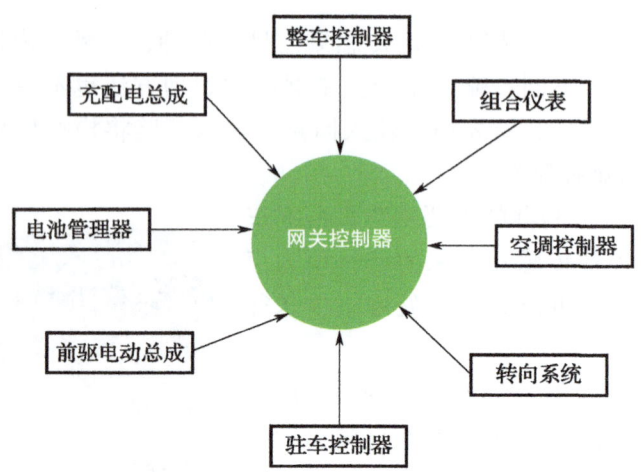

图 6-1-3　秦 EV 整车部件网络关联图

二、整车控制器功能

整车控制器（以下简称"VCU"）通过各种传感器及各模块的控制器反馈信息，判断当前车辆所处运行状态，合理控制整车，输出相对应的使能信号。VCU 作为新能源汽车的关键控制部件之一，具有协调控制系统、底盘系统、高低压能源系统、热管理系统及安全保护、故障诊断等作用。

VCU 主要功能有：车辆驱动控制功能、高压上下电功能、辅助功能、系统安全、CAN 通信、故障诊断和保护等功能。

1）车辆驱动控制功能：按照驾驶人意愿、车辆载荷、路面情况和气候环境的变化，调节车辆的动力性、经济性和舒适性。

2）高压上下电功能：车辆上电时，若车辆未接收到任何故障，整车正常上电，仪表点亮"OK"指示灯。当 VCU 接收到动力电池温度高于 55℃时，VCU 通过动力 CAN 在网关控制器内与空调控制器通信给动力电池散热，仪表提示"请检查动力系统"警告，当动力电池的温度无法下降时，协调电池管理器控制电池包内的正负极接触器断开，车辆下电。车辆行驶时，电机、电机控制器以及动力电池的温度上升至车辆报警阈值时，如动力电池温度高于 55℃、电机温度高于 110℃、电机控制器的 IGBT 高于 85℃时等，仪表提示"请检查动力系统"警告，电池管理器控制电池包正负极接触器断开，车辆下电。当 VCU 接收到碰撞信号时，电池管理器控制电池包正负极接触器断开，电机控制器控制主动或被动泄放，车辆下电。

3）辅助功能：车辆冷却系统以及真空泵控制。

4）系统安全：对车辆进行安全控制，当出现严重故障时，执行下电停车等指令。

5）CAN 通信：与网关控制器进行通信。

6）故障诊断和保护：进行故障诊断，并及时进行相应的安全保护处理，故障码的存储和回调。

三、电机及电机控制部分

前驱电动总成中的电机及电机控制中，电机控制器是将充配电总成输出的高压直流电通过控制器内的 IGBT 模块进行逆变，输出三相可调电压、可变频率的交流电给驱动电机提供电能，驱动车辆前进或后退。它是通过主动工作来控制电机按照设定的方向、速度、角度、响应时间进行工作的集成电路。车辆制动能量回馈时，电机控制器接收到 VCU 通过动力 CAN 传输过来的加速踏板开度为 0% 的信号时，电机旋转产生电能通过电机控制器整流成高压直流电给动力电池充电。电机控制器实时监控电机及控制系统的状态。

四、电池管理部分

电池管理系统实现充/放电管理、电池热管理、接触器控制、功率控制、电池异常状态报警和保护、SOC/SOH 计算、自检以及通信功能等。

五、传动系统

传动系统在整车中起到动力传动的作用，驱动电机的力矩通过传动系统传递到车轮，使车辆可以按照驾驶人驾驶意图行驶。纯电动汽车的传动系统可以采用同传统汽车一样的多档位、手动档、自动档等变速器进行变速。

📖 拓展阅读

汽车电动化和智能化推动汽车电子高速发展，同时也带来了汽车电子架构的变革，汽车功能的复杂性使得原有的汽车电子电气架构不再适用，新的架构已经逐步成形。

过去十多年间，汽车智能化和信息化发展产生的一个显著结果就是 ECU 芯片使用量越来越多。从传统的发动机控制系统、安全气囊、防抱死系统、电动助力转向系统、车身电子稳定系统；到智能仪表、娱乐影音系统、辅助驾驶系统；还有电动汽车上的电驱控制、电池管理系统、车载充电系统，以及蓬勃发展的车载网关、T-BOX 和自动驾驶系统等均有 ECU 芯片使用。现代汽车里的各个 ECU 单元都是通过 CAN 和 LIN 总线连接在一起，总数已经迅速增加到了几十个甚至上百个之多，整个系统复杂度越来越大。在定义新型汽车和汽车智能化、网联化的发展趋势下，这种基于 ECU 的分布式结构将暴露更多问题。

为了解决 ECU 分布式结构复杂的问题，人们开始逐渐把很多功能相似、分离的 ECU 功能整合到一个比 ECU 性能更强的处理器硬件平台上，这就是汽车"域控制器"（Domain Control Unit，DCU）。域控制器的出现是汽车 EE 架构从 ECU 分布式 EE 架构演进到域集中式 EE 架构（图 6-1-4）的一个重要标志。

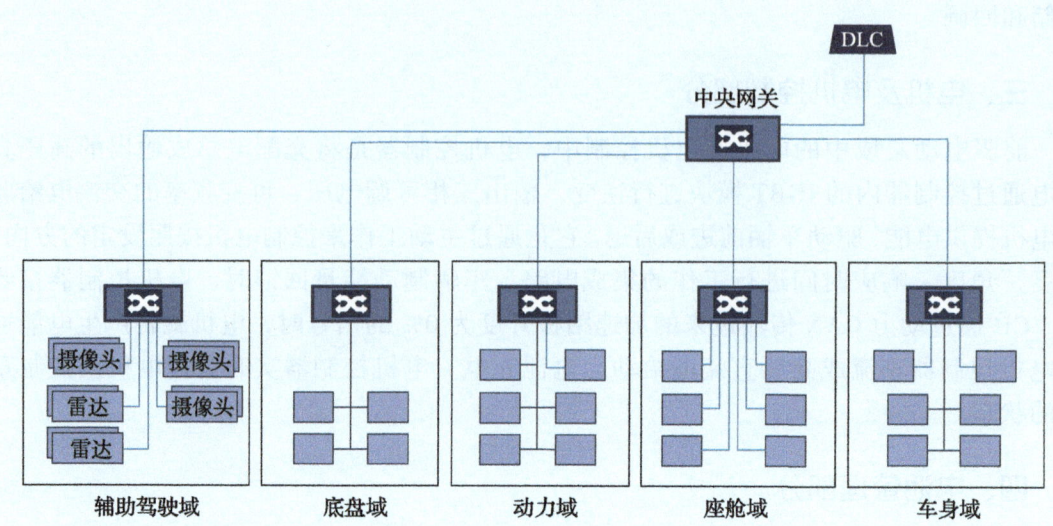

图 6-1-4 域集中式 EE 架构

域控制器是汽车每一个功能域的核心，主要由域主控处理器、操作系统、应用软件和算法等三部分组成。平台化、高集成度、高性能和良好的兼容性是域控制器的主要核心设计思想。依托高性能的域主控处理器、丰富的硬件接口资源以及强大的软件功能特性，域控制器能将原本需要很多颗 ECU 实现的核心功能集成进来，极大提高系统功能集成度，再加上数据交互的标准化接口，能极大降低这部分的开发和制造成本。

对于功能域的具体划分，各汽车主机厂家会根据自身的设计理念差异而划分成几个不同的域。如博世划分为 5 个域：动力域、底盘域、车身域、座舱域、自动驾驶域（ADAS），这也是最经典的五域集中式 EEA。也有的厂家则在五域集中式架构基础上进一步融合，形成了三域集中式 EEA，即车控域控制器、智能驾驶域控制器、智能座舱域控制器。如大众的 MEB 平台以及华为的 CC 架构都属于这种三域集中式 EEA。

在较长时间内，"域"控制技术研发将成为各个汽车厂家研发的趋势与竞争优势，目前在"域"控制技术领域面临几大技术挑战。

1）对算力的需求提升一直是域控制器核心芯片发展的主要推动力，单一类型的微处理器，无论是 CPU、GPU、FPGA 还是 ASIC，都无法满足更高阶的自动驾驶需求。

2）域控制器会整合集成越来越多的功能。比如动力系统域可以把发动机的控制、电机控制、BMS、车载充电机的控制组合在一起，主控处理器 SoC 就需要集成尽可能多的接口类型，比如 USB、Ethernet、I2C、SPI、CAN、LIN 以及 FlexRay 等，从而能连接和管理各种各样的 ECU、传感器和执行器。

3）硬件虚拟化技术：硬件资源的分区与隔离；支持混合安全等级。

4）功能安全是汽车研发流程中非常关键的要素之一。随着系统复杂性的提高，来自系统失效和随机硬件失效的风险日益增加。

5）网络卸载引擎，骨干网未来势必会基于 TSN 以太网来构建，但是从域主控处理器到 ECU 或者传感器之间的通信则仍然是基于传统的车载低速总线，比如 CAN、FlexRay 等。域主控处理器作为域控制器的核心，是所有 ECU 和传感器通信的汇聚中心，如果依靠 CPU 的算力来完成不同总线间的协议转换，以及跨域通信的网络包处理的话，势必会占用宝贵的 CPU 算力资源。

6）安全引擎。汽车智能化发展的一个很重要的趋势是互联网化，如何阻止未经授权的网络访问，以保护汽车免于受到黑客的攻击，对未来的智能汽车而言就会变得极为重要。

党的十八大以来，我国汽车产业在由大变强的新赛道上实现了跨越式发展，由习近平总书记亲自描绘的汽车强国愿景正在一步步变为美好的现实。党的二十大报告强调，要推进新型工业化，加快建设制造强国、质量强国、航天强国、交通强国、网络强国、数字中国。这为汽车行业迈入高质量发展新征程指明了方向。

任务分组

学生任务分配表见表 6-1-1。

表 6-1-1 学生任务分配表

班级		组号		指导老师	
组长		学号			
组员角色分配					
信息员		学号			
操作员		学号			
记录员		学号			
安全员		学号			
任务分工					
（就组织讨论、工具准备、数据采集、数据记录、安全监督、成果展示等工作内容进行任务分工）					

工作计划

按照前面所了解的知识内容和小组内部讨论的结果,制定工作方案,落实各项工作负责人,如任务实施前的准备工作、实施中主要操作及协助支持工作、实施过程中相关要点及数据的记录工作等,见表 6-1-2。

表 6-1-2 工作计划表

步骤	工作内容	负责人
1		
2		
3		
4		
5		
6		
7		
8		

进行决策

1)各组派代表阐述资料查询结果。
2)各组就各自的查询结果进行交流,并分享技巧。
3)教师对各组的计划方案进行点评。
4)各组长对组内成员进行任务分工,教师确认分工是否合理。

任务实施

> **引导问题 4**
> 扫描二维码观看视频,了解新能源汽车暖风和空调系统的结构。
> _____
> _____
> _____

评价反馈

1)各组代表展示汇报 PPT,介绍任务的完成过程。
2)请以小组为单位,对各组的操作过程与操作结果进行自评和互评,并将结果填入综合评价表(表 6-1-3)中的小组评价部分。
3)教师对学生工作过程与工作结果进行评价,并将评价结果填入综合评价表中的教师评价部分。

表 6-1-3 综合评价表

班级		组别		姓名		学号	
实训任务							
评价项目		评价标准				分值	得分
小组评价	计划决策	制定的工作方案合理可行,小组成员分工明确				10	
	任务实施	能够正确检查并设置实训工位				5	
		能够准备和规范使用工具设备				5	
		能够阐述新能源汽车电气系统的结构与功能				20	
		能够辨识新能源汽车暖风和空调系统的结构				20	
		能够规范填写任务工单				10	
	任务达成	能按照工作方案操作,按计划完成工作任务				10	
	工作态度	认真严谨、积极主动,安全生产,文明施工				10	
	团队合作	小组组员积极配合、主动交流、协调工作				5	
	6S 管理	完成竣工检验、现场恢复				5	
		小计				100	
教师评价	实训纪律	不出现无故迟到、早退、旷课现象,不违反课堂纪律				10	
	方案实施	严格按照工作方案完成任务实施				20	
	团队协作	任务实施过程互相配合,协作度高				20	
	工作质量	能准确完成本节的实训任务				20	
	工作规范	操作规范,三不落地,无意外事故发生				10	
	汇报展示	能准确表达、总结到位、改进措施可行				20	
		小计				100	
综合评分		小组评价分 × 50% + 教师评价分 × 50%					
总结与反思							

(如:学习过程中遇到什么问题→如何解决的/解决不了的原因→心得体会)

任务二 拆装新能源汽车电子电气系统

学习目标

- 掌握整车控制原理。
- 掌握车辆解锁过程。
- 掌握车辆起动过程。
- 掌握车辆起动上电过程。
- 具备辨识新能源汽车组合仪表系统的能力。
- 了解工匠精神的内涵,立志成为国家和社会所需的高素质技术技能人才。

知识索引

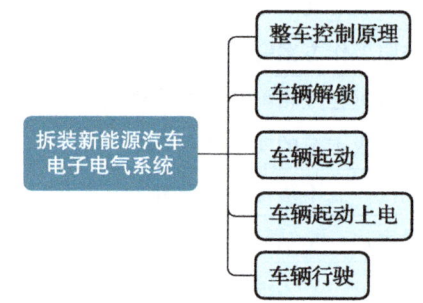

情境导入

仪表是人和汽车的交互界面,为驾驶人提供所需的汽车运行参数、故障、里程等信息,是每一辆汽车必不可少的部件。你了解秦 EV 车型组合仪表系统的结构吗?

获取信息

引导问题 1

请查阅相关资料,简述整车控制器 VCU 的作用与功能。

_____

_____

整车控制原理

车辆在运行过程中通过车载的各种传感器及其他控制器,将整车运行信息和车辆的实时状态反馈给各模块或整车控制器(以下简称 VCU)。同时各模块或 VCU 根据驾驶人的操作意图以及整车控制策略进行运算,并控制指令通过 CAN 总线及各模块硬件接口传递给其他控制器和各执行机构。依照完善的整车控制策略,VCU 负责动力总成唤醒、车辆上电、功率限制、停机、制动能量回馈、能量管理、安全、故障诊断记录与失效控制等功能。

在满足车辆安全行驶性、动力性和舒适性的前提下,采用制动能量回馈技术可以大大增加纯电动汽车的续驶里程。当驱动电机在能量回收与驱动两种工况进行切换时,通过整车控制系统控制电机输出相对应的转矩,保证车辆行驶的平顺性。当车辆在斜坡行驶或驻车时,整车控制系统输出相对应的转矩保证车辆在斜坡上不会后溜。通过限制电机的功率可以有效保护动力电池,提高动力电池的使用寿命。整车控制系统必须具备较强的抗干扰能力,使其在各种工作环境中能够稳定地工作。图 6-2-1 所示是秦 EV 整车控制原理框图。

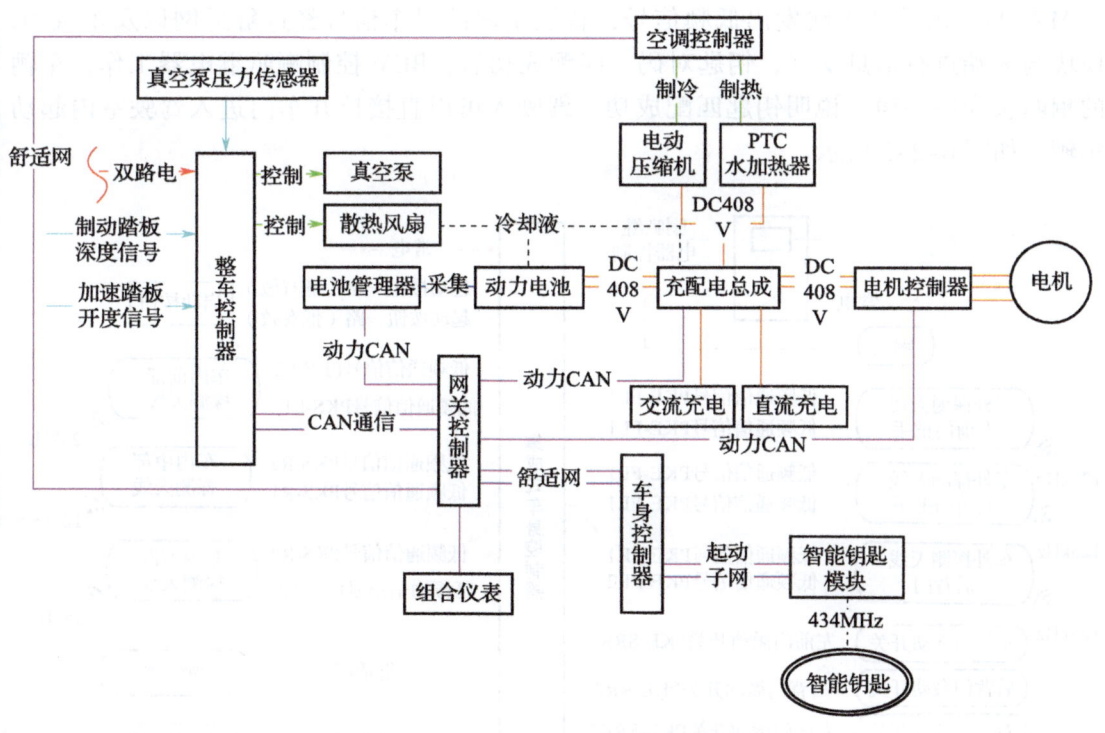

图 6-2-1 秦 EV 整车控制原理图

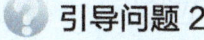 引导问题 2

请查阅相关资料,简述车辆探测系统的组成。

_____

_____

车辆解锁

驾驶人手持智能钥匙,智能钥匙模块在智能钥匙距离车门 0.7~1.5m 即可探测钥匙信号。秦 EV 驾驶人可通过智能钥匙实现远程解锁车门、上电和起动等操作。整个系统通过一个集成式车身控制器控制,当集成式车身控制器探测到钥匙在某个探测区域范围内,对钥匙进行探测与验证,并发送运行的信号给相关执行动作的 ECU,完成整个系统工作。探测系统是由 6 个探测天线总成(车内 3 个,车外 3 个)和 1 个集成在控制器内的高频接收模块组成,探测车内有效范围及车外 1.5m 范围内,如图 6-2-2 所示。

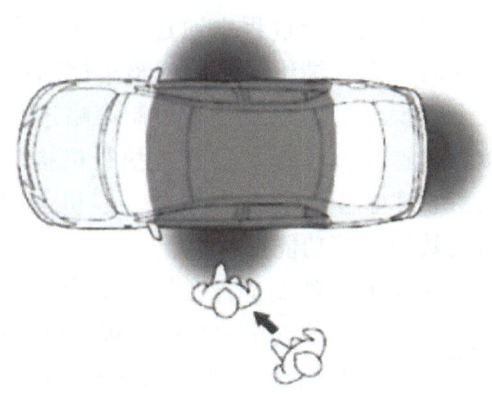

图 6-2-2 智能钥匙天线探测范围

驾驶人持有合法的秦 EV 智能钥匙,当驾驶人靠近车辆约 0.7~1.5m 时,智能钥匙发出 434MHz 频率的寻车信号,前舱配电盒给集成式车身控制器提供 12V 的常电,BCM 控制车内外的天线发出低频信号,智能钥匙的寻车信号经过舒适网以及车载 4G 模块与云端进行信息交互,钥匙对码、匹配成功后,BCM 控制喇叭继电器工作,车辆的喇叭会应答一声,说明钥匙匹配成功。驾驶人可以直接拉开车门进入驾驶室内起动车辆,如图 6-2-3 所示。

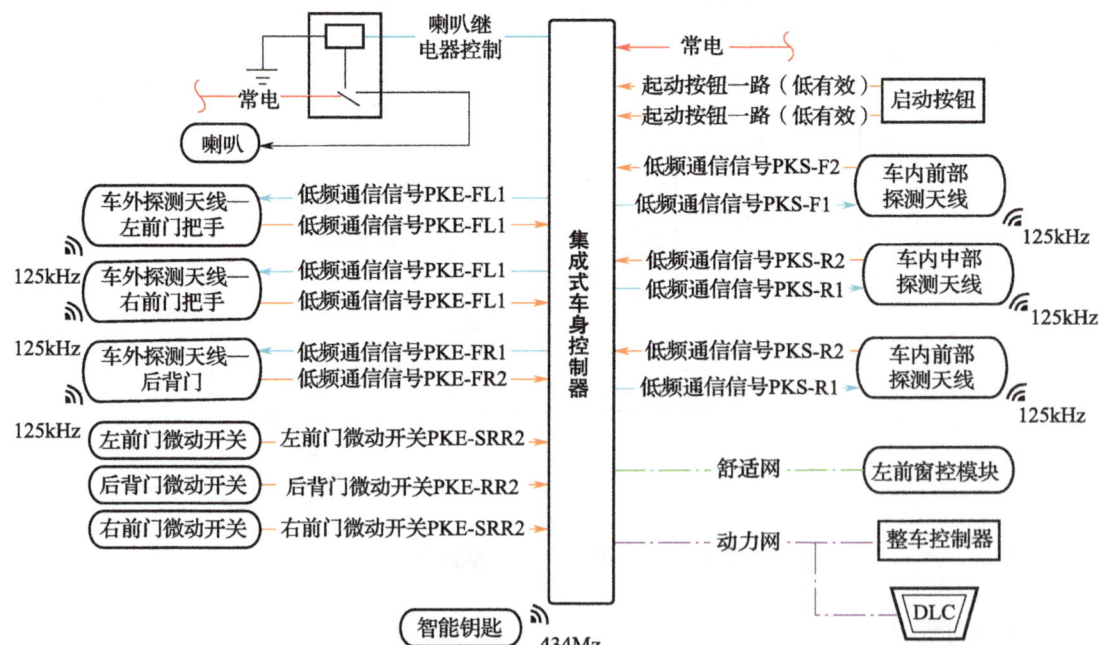

图 6-2-3 智能钥匙解锁系统框图

> **引导问题 3**
>
> 请查阅相关资料，简述车辆起动过程。
> _____
> _____
> _____

车辆起动

驾驶人持有合法的智能钥匙进入驾驶室内，踩下制动踏板，同时按下一键起动开关，假设整车系统是正常状态，此时组合仪表上的"OK"指示灯点亮，车辆上电成功。

智能钥匙模块通过起动子网与 BCM 进行通信，BCM 通过 G21-21 和 G21-22 两个端子采集起动开关信号。按下一键起动开关，插接件 G16-8 和 G16-6 同时与车身 GND 导通，此时 BCM 控制 IG3 继电器吸合，输出各模块所需要的双路电，如图 6-2-4 所示。

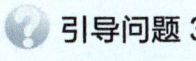

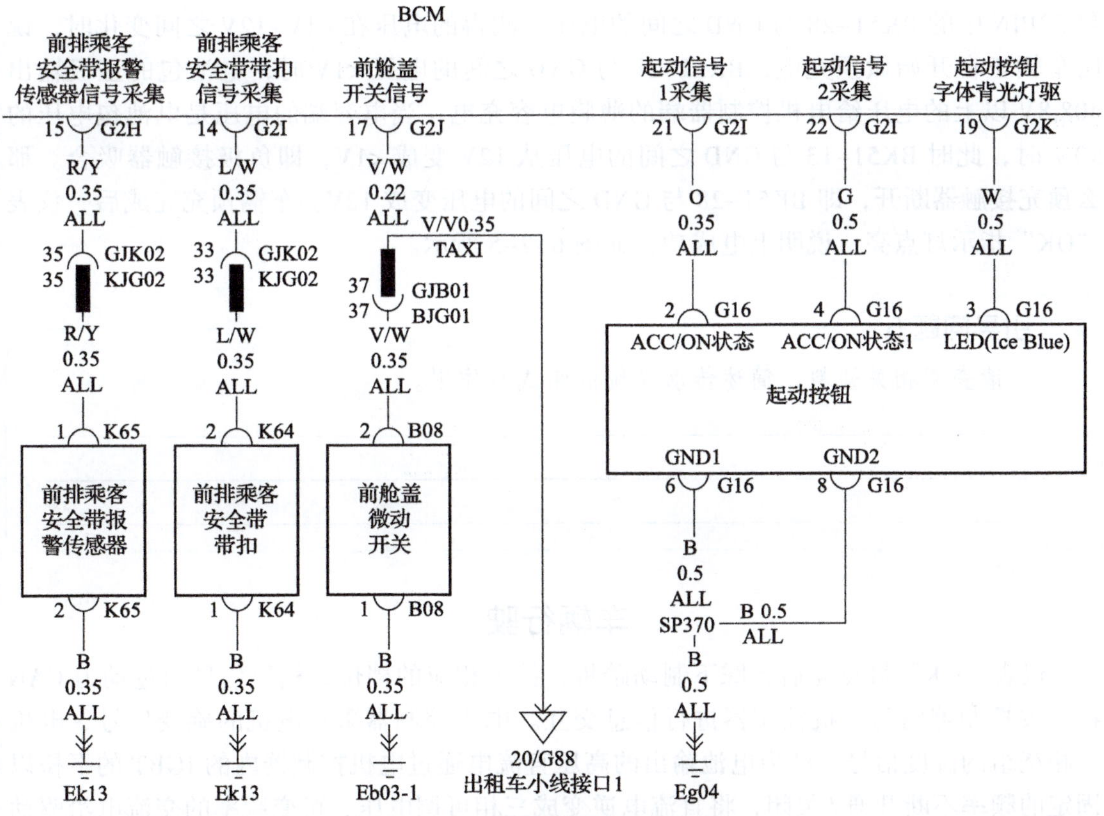

图 6-2-4 一键起动电气原理图

引导问题 4

请查阅相关资料,简述车辆起动上电的过程。

_____
_____
_____

车辆起动上电

踩着制动踏板,同时按下起动开关后,由 BCM 上的 G2H-1 控制 IG3 继电器吸合,输出双路供电给驱动电机控制器、电池管理器(以下简称 BMC)、VCU、充配电总成、电机冷却水泵及散热风扇。

当 BMC 得到双路电后,BMC 给动力电池包内的通信转换模块提供 12V 的电源,同时输出正极/预充接触器电源,即 BK45(A)-7 与 GND 之间的电压 <1V,电池包内部的正极接触器吸合。电池包内的 2 个电池信息采集器(以下简称:BIC)开始采集电池的电压、温度、采样线等信息,通过电池子网与 BMC 进行通信。用万用表测量电池包 33PIN 中的 BK51-28 与 GND 之间的电压,测得的电压在 <1V~12V 之间变化时,说明车辆正在开始做预充电,BK51-28 与 GND 之间的电压 <1V 时,电池包的正极输出 408.8V 以上的电压给电机控制器端的薄膜电容充电,当电容端的电压是电池包电压的 90% 时,此时 BK51-13 与 GND 之间的电压从 12V 变成 <1V,即负极接触器吸合。那么预充接触器断开,即 BK51-28 与 GND 之间的电压变成 12V。车辆预充完成后,仪表"OK"指示灯点亮,说明上电成功,如图 6-2-5 所示。

引导问题 5

请查阅相关资料,简述传动系统的组成与作用。

_____
_____
_____
_____

车辆行驶

仪表"OK"灯点亮后,踩下制动踏板,挂上相应的档位,档位信号通过动力 CAN 在网关控制器内与电机控制器进行信息交互。电机控制器采集电机的旋变信号、电机三相绕组的温度信号。动力电池输出的高压直流电通过电机控制器内的 IGBT 的下桥以固定的频率不断开通/关闭,将直流电逆变成三相可调电压、可变频率的交流电给驱动电机。松开制动踏板,车辆即可前进或后退,如图 6-2-6 所示。

车辆在行驶过程中,动力电池因放电会导致单体电池的温度开始上升;电机控制器内的 IGBT 模块在不断开通/关闭固定的频率下,温度上升;驱动电机在大电流驱动下,

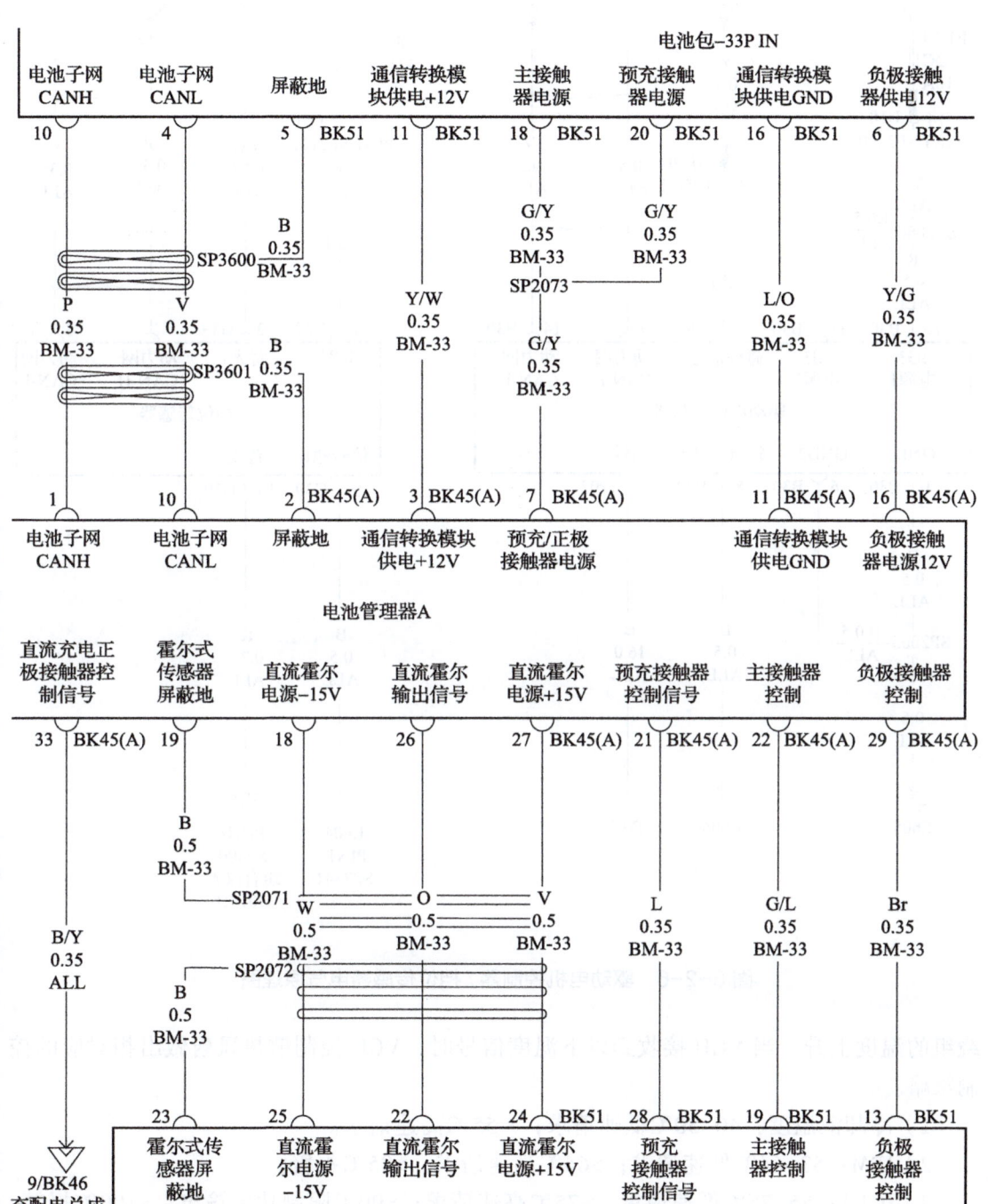

图 6-2-5　BMC 预充电路电气原理图

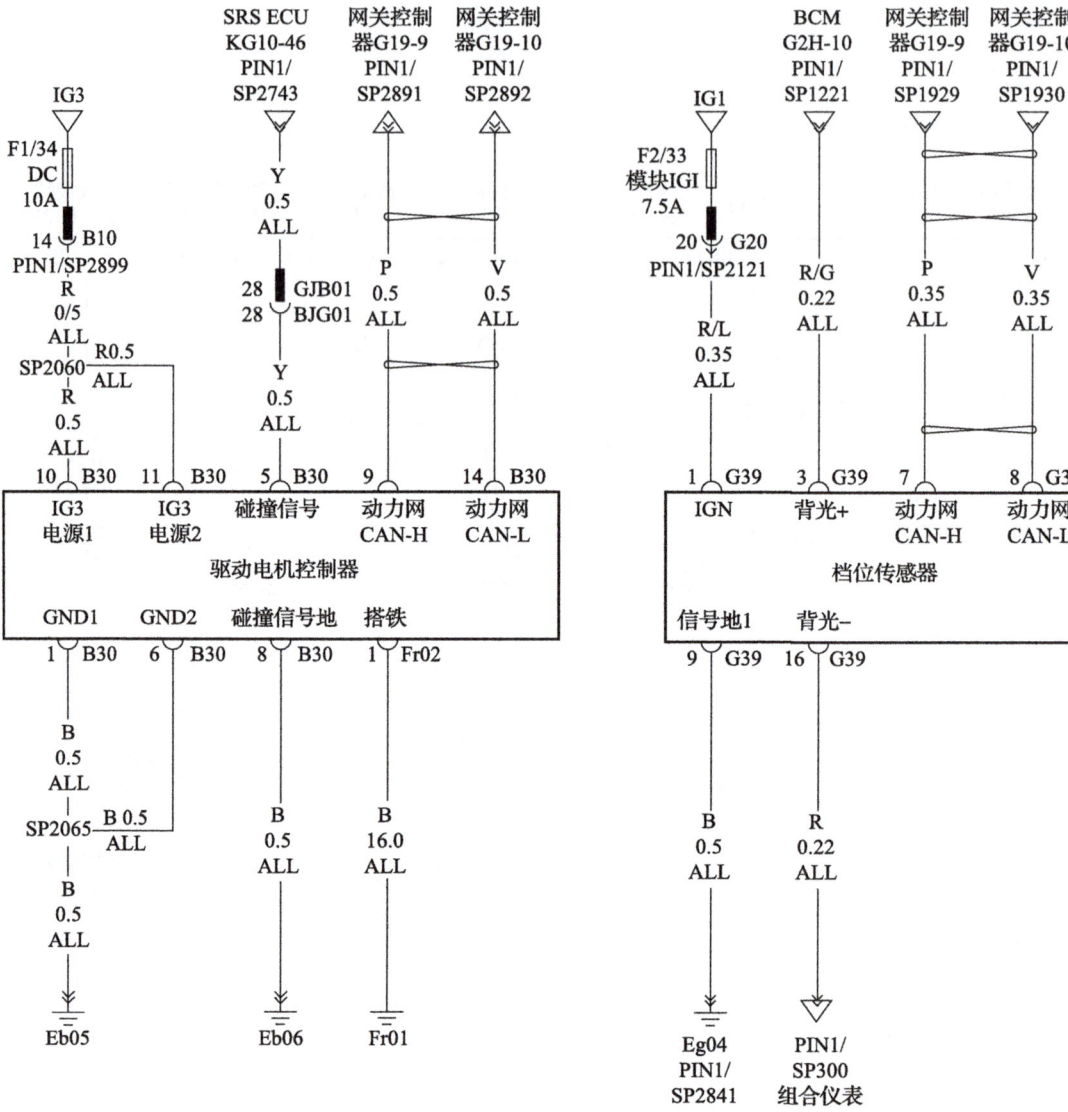

图 6-2-6 驱动电机控制器／档位传感器电气原理图

绕组的温度上升。当 VCU 接收到以下温度信号时，VCU 控制散热风扇做出相对应的控制策略。

1）冷却液温度：40~50℃低速请求；>55℃高速请求。

2）IPM：53~64℃低速请求；>64℃高速请求；>85℃报警。

3）IGBT：55~75℃低速请求；>75℃高速请求；>90℃限制功率输出；>100℃报警。

4）电机温度：90~110℃低速请求；>110℃高速请求。

在行驶的过程中，当车辆车速 <60km/h，真空泵压力传感器检测到低于 60kPa 时，VCU 控制真空泵电机工作；当真空泵压力传感器检测到高于 75kPa 时，VCU 控制真空

泵停止工作。当车速 >60km/h，真空泵压力传感器检测到低于 70kPa 时，VCU 控制真空泵电机工作；当真空泵压力传感器检测到高于 75kPa 时，VCU 控制真空泵停止工作，如图 6-2-7 所示。

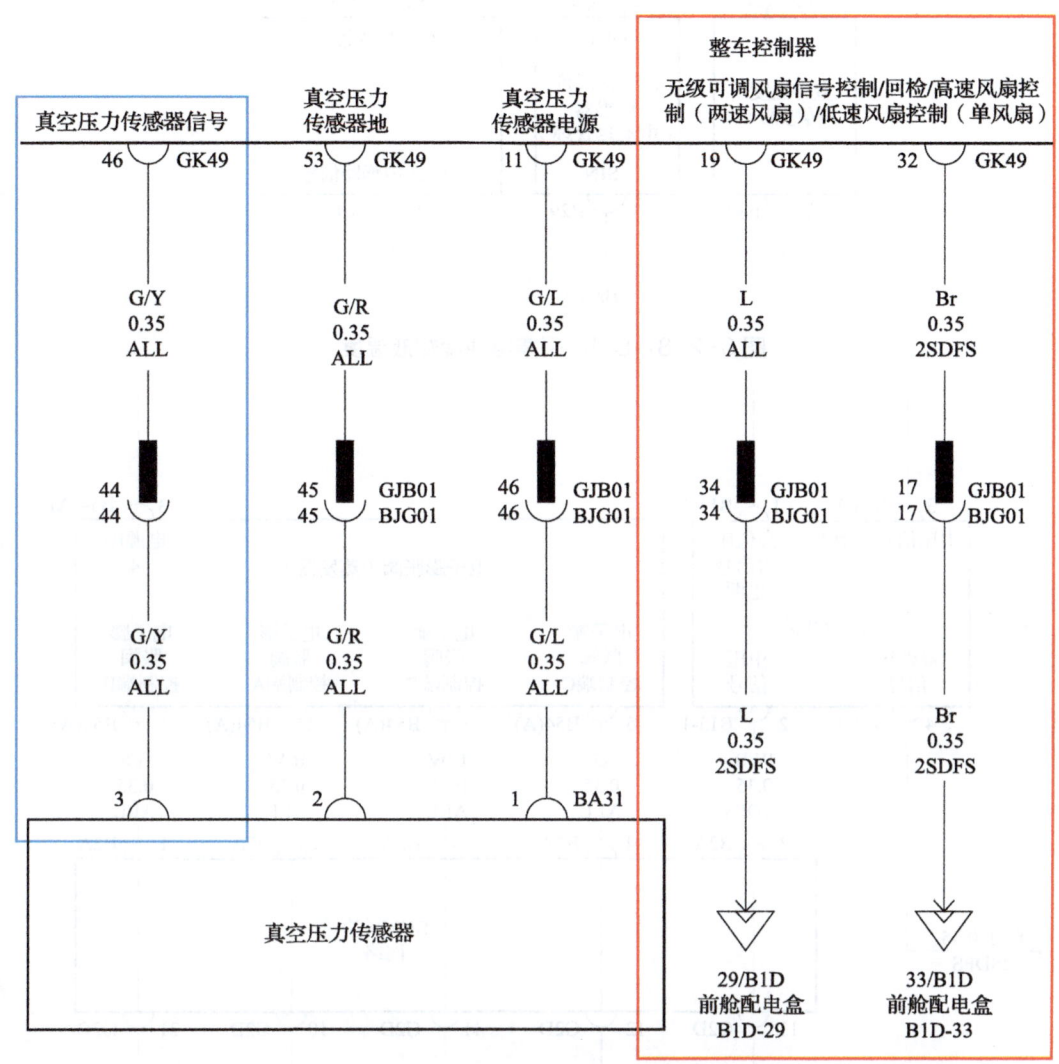

图 6-2-7　VCU 部分电气原理图（真空泵、散热风扇）

在行驶过程中，动力电池的温度持续上升，单靠电动水泵及散热风扇在散热器中做热交换，已无法满足动力电池冷却时，BMC 采集到动力电池出水管处的冷却液温度信号（图 6-2-8），通过动力 CAN 在网关控制器处与空调控制器进行信息交互。电池包的温度在 35℃，单体电池的温差不超过 5℃时，电池包直冷系统不介入，只需要用冷却液、散热风扇、散热器冷却即可。当电池包的均温超过 35℃时，空调控制器控制四通水阀，打开相对应的散热管路，同时空调控制器会控制电子膨胀阀打开，通过制冷剂冷却，将电池包的温度降至 33℃时，关闭电子膨胀阀，如图 6-2-9 所示。

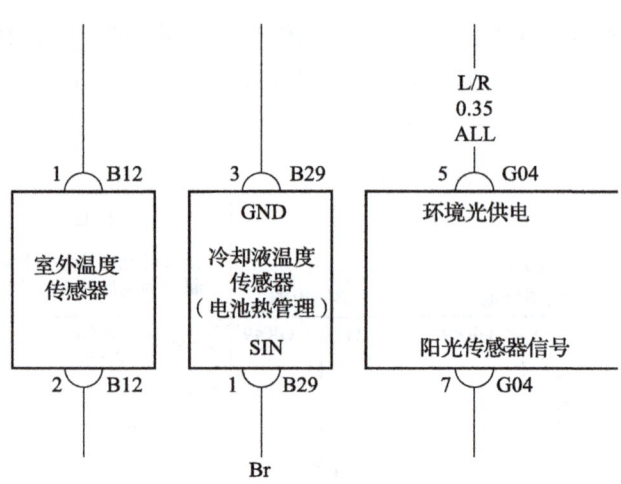

图 6-2-8 BMC 采集电池冷却液温度

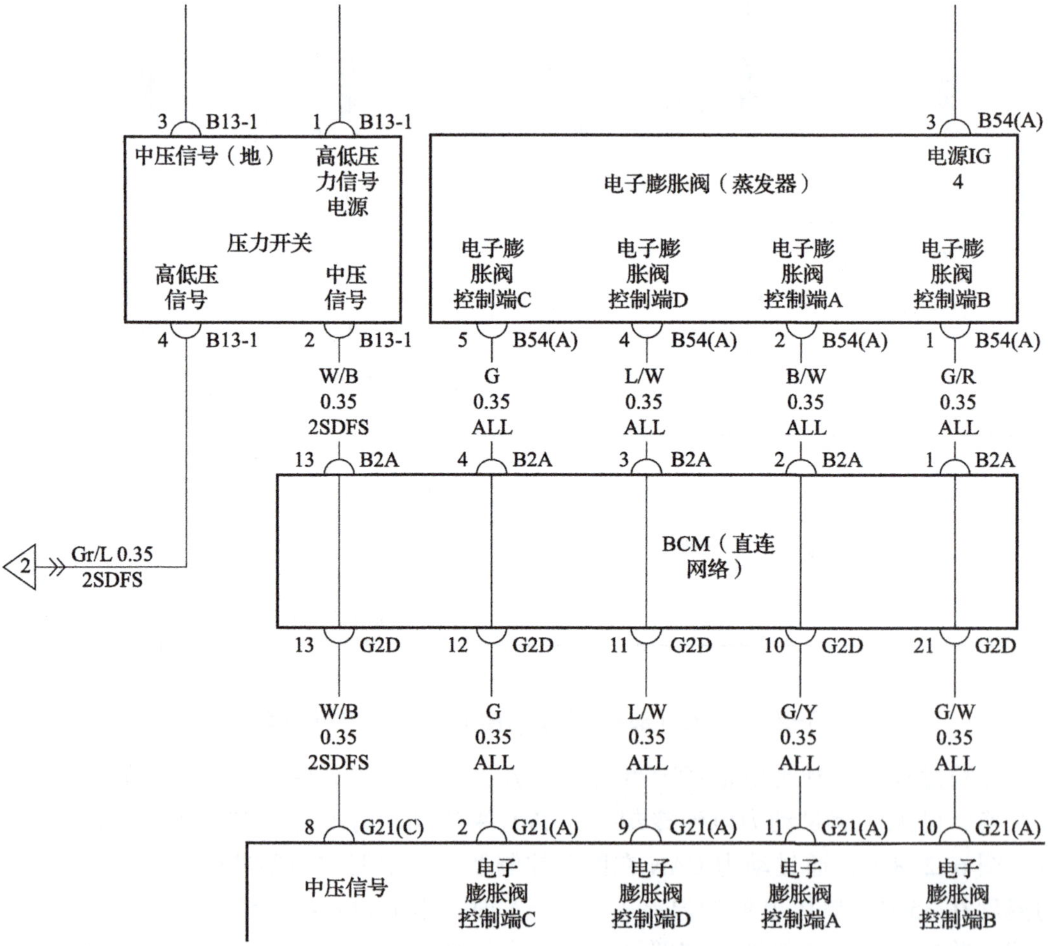

图 6-2-9 空调控制器电子膨胀阀电气原理图

注意：使用空调系统直冷时，若电池包的温度持续上升至 >55℃，此时空调的电子膨胀阀无法关闭，会导致驾驶室内的空调关闭，直至电池包的温度降至 33℃ 为止。

拓展阅读

"工匠精神"就是追求卓越的创造精神、精益求精的品质精神、用户至上的服务精神。随着时代的发展,"工匠精神"定义也在不断地拓展,其意味深远,代表着一个时代的气质,不仅是对材料、工艺、造型以及背后承载的文化精神的坚守与传承,更是对作品的专注创新和精益求精。

在我国古代就已经对工匠精神有着丰富的理解,它不仅包括坚持不懈、一丝不苟的制造精神,追求产品品质、精益求精的态度,还包括尊师重道的文化传统、勇于创新的精神。比如被尊为中华民族始祖的黄帝、炎帝发明了用泥盖房、用草治病,鲁班、陈规、毕昇、黄道婆、蔡伦等工匠曾制造了辉煌灿烂的成果,推动着我国古代文明的发展。

进入工业化社会以后,我国在一穷二白的基础上制造出了红旗牌轿车、解放牌货车、人造地球卫星等,以及近年来,走出国门的高铁、潜入水底的"蛟龙号"深海载人探测器、走向太空的天宫一号等,这无不体现出我国在"工匠精神"带领下创造出的骄人成绩!

但是近年来,由于自主研发能力薄弱、核心技术缺失等原因造成的我国部分制造业竞争日益激烈,由互联网+、大数据、云计算等新技术带来的全球市场上的科技革命也使得全球经济格局悄然发生着变化。要想在这种背景下在国际较量中占一席之地,我国制造业必须进行产业升级转型,这需要由中国制造到中国智造、中国创造的转变。在制造行业转型的过程中,只有大力弘扬精益求精的工匠精神,培养一批知识型、技术型、创新型的人才,才能配合结构性改革,在新一轮的经济全球化中体现强大的竞争力。

目前,我国的新能源汽车行业的发展经历了两个阶段,第一个阶段是享受国家补贴发展阶段,第二个阶段是利用出租车,公共汽车发展新能源技术阶段,目前正向第三个阶段发展即将步入创新驱动、加快发展的新阶段。新能源汽车的核心技术主要是指"三电(电池、电机和电控)"技术,我国的新能源汽车在这些关键技术方面还存在很多不足之处,只有本着精益求精的态度才能够攻克这些技术难关,使我国的新能源汽车技术得到突破性发展。大家都知道汽车是一种由上万个零部件组成的结构复杂的机器,每一个零部件的生产质量都关乎整车的质量,因此,一辆合格的汽车制造出来需要生产零部件的制造厂商拥有大量认真负责、精益求精的工人。因此,需要发挥工匠精神培养高技能人才促进我国新能源汽车技术稳步向前发展。

新能源汽车是国家的发展战略之一,需要借助工匠精神对其发展起到助力作用,高校可以从营造校园工匠精神氛围、加强师资队伍建设、转变教学理念、加强校企合作等方面开展工作,从校园内开始对新能源汽车技术专业学生进行工匠精神的培养,这样才能与时俱进为国家培养优秀的新能源汽车相关人才。

任务分组

学生任务分配表见表 6-2-1。

表 6-2-1　学生任务分配表

班级		组号		指导老师	
组长		学号			
组员角色分配					
信息员		学号			
操作员		学号			
记录员		学号			
安全员		学号			
任务分工					
（就组织讨论、工具准备、数据采集、数据记录、安全监督、成果展示等工作内容进行任务分工）					

工作计划

按照前面所了解的知识内容和小组内部讨论的结果，制定工作方案，落实各项工作负责人，如任务实施前的准备工作、实施中主要操作及协助支持工作、实施过程中相关要点及数据的记录工作等，见表 6-2-2。

表 6-2-2　工作计划表

步骤	工作内容	负责人
1		
2		
3		
4		
5		
6		
7		
8		

进行决策

1）各组派代表阐述资料查询结果。
2）各组就各自的查询结果进行交流，并分享技巧。
3）教师对各组的计划方案进行点评。
4）各组长对组内成员进行任务分工，教师确认分工是否合理。

任务实施

引导问题 6

扫描二维码观看视频，了解秦 EV 的组合仪表系统的拆装过程，并简述操作要点。

_____
_____

组合仪表系统的拆装
（秦 EV）

参考操作视频，按照规范作业要求完成相应的操作步骤，完成数据采集并记录。如表 6-2-3、表 6-2-4 所示。

表 6-2-3 实训准备

实训准备			
序号	设备及工具名称	数量	设备及工具是否完好
1	比亚迪秦 EV	1 辆	□是 □否
2	一体化工量具	1 套	□是 □否
3	人员防护套装	1 套	□是 □否
4	万用表	1 台	□是 □否
5	三层工具车	1 辆	□是 □否
质检意见	原因：		□是 □否

表 6-2-4 组合仪表系统的拆装

组合仪表系统的拆装			
序号	步骤	记录	完成情况
1	组合仪表系统总成拆装前准备 （1）将车辆正确停放至工位，放置车轮挡块 （2）按下钥匙解锁键进行车辆解锁 （3）打开车门 （4）规范铺设车内四件套 （5）进入车内，踩下制动踏板，按下起动开关 （6）按下驾驶位车窗按钮，降下驾驶位车窗，以防车辆意外断电造成车门误锁，按下起动开关		□已完成 □未完成

| 姓名 | | 班级 | | 日期 | |

（续）

序号	步骤	记录	完成情况
2	组合仪表系统总成的拆卸 （1）车辆下电，带上耐磨手套，断开蓄电池负极，并用绝缘胶带缠绕负极接头 （2）将转向节管柱调节至最下端 （3）拆卸组合开关上护板 （4）拆卸组合仪表罩外板 （5）拆卸组合仪表罩内板 （6）拆卸 4 个固定螺钉 （7）取出组合仪表，断开连接器		□已完成 □未完成
3	组合仪表系统总成的安装 （1）接好仪表连接器，将定位孔对准定位点放置好组合仪表 （2）安装 4 个固定螺钉 （3）将组合仪表内罩对准并用力按下，保证各卡口固定点安装到位 （4）安装组合仪表罩外板 （5）安装组合开关上护板 （6）将转向节管柱调节至适合位置 （7）搭好蓄电池负极，测试组合仪表总成是否正常运行		□已完成 □未完成
4	实训现场 6S 整理		□已完成 □未完成
总结 提升			□已完成 □未完成
质检 意见	原因：		□已完成 □未完成

评价反馈

1）各组代表展示汇报 PPT，介绍任务的完成过程。

2）请以小组为单位，对各组的操作过程与操作结果进行自评和互评，并将结果填入综合评价表（表 6-2-5）中的小组评价部分。

3）教师对学生工作过程与工作结果进行评价，并将评价结果填入综合评价表中的教师评价部分。

表 6-2-5　综合评价表

班级		组别		姓名		学号	
实训任务							
评价项目		评价标准				分值	得分
小组评价	计划决策	制定的工作方案合理可行，小组成员分工明确				10	
	任务实施	能够正确检查并设置实训工位				5	
		能够准备和规范使用工具设备				5	
		能够正确完成组合仪表系统拆装前的准备工作				20	
		能够正确完成秦 EV 组合仪表总成的拆装				20	
		能够规范填写任务工单				10	
	任务达成	能按照工作方案操作，按计划完成工作任务				10	
	工作态度	认真严谨、积极主动，安全生产，文明施工				10	
	团队合作	小组组员积极配合、主动交流、协调工作				5	
	6S 管理	完成竣工检验、现场恢复				5	
		小计				100	
教师评价	实训纪律	不出现无故迟到、早退、旷课现象，不违反课堂纪律				10	
	方案实施	严格按照工作方案完成任务实施				20	
	团队协作	任务实施过程互相配合，协作度高				20	
	工作质量	能准确完成本节的实训任务				20	
	工作规范	操作规范，三不落地，无意外事故发生				10	
	汇报展示	能准确表达、总结到位、改进措施可行				20	
		小计				100	
综合评分		小组评价分 ×50% + 教师评价分 ×50%					
总结与反思							

（如：学习过程中遇到什么问题→如何解决的/解决不了的原因→心得体会）

参考文献

[1] 曾炜. 汽车悬架、行驶与转向系统维修[M]. 重庆：重庆大学出版社，2022.
[2] 王鸿波，谢敬武，等. 新能源汽车构造与原理[M]. 北京：机械工业出版社，2020.
[3] 李伟. 新能源汽车构造原理与故障检修[M]. 北京：化学工业出版社，2015.
[4] 吴兴敏、金玲，等. 新能源汽车[M]. 北京：化学工业出版社，2021.